Le Montréal gourmand

de Philippe Mollé

2014

D0807806

ULYSSE

Crédits

Auteur: Philippe Mollé
Éditeur: Pierre Ledoux
Correcteur: Pierre Daveluy
Infographistes: Pascal Biet, Annie Gilbert
Cartographe: Philippe Thomas

Cet ouvrage a été réalisé sous la direction de Claude Morneau.

Remerciements

Philippe Mollé : Mes remerciements vont à mon éditeur Ulysse, qui me permet de m'exprimer dans mes passions, aux producteurs agricoles sans qui les bons produits seraient inexistants, aux artisans des métiers de bouche et aux chefs restaurateurs qui, chaque jour, savent alimenter nos papilles, ainsi qu'aux consommateurs de plus en plus avisés qui m'offrent ce privilège de travailler plus fort.

Guides de voyage Ulysse reconnaît l'aide financière du gouvernement du Canada par l'entremise du Fonds du livre du Canada (FLC) pour ses activités d'édition.

Guides de voyage Ulysse tient également à remercier le gouvernement du Québec – Programme de crédit d'impôt pour l'édition de livres – Gestion SODEC.

Guides de voyage Ulysse est membre de l'Association nationale des éditeurs de livres.

Note aux lecteurs

Tous les moyens possibles ont été pris pour que les renseignements contenus dans ce guide soient exacts au moment de mettre sous presse. Toutefois, des erreurs peuvent toujours se glisser, des omissions sont toujours possibles, des adresses peuvent disparaître, etc.; la responsabilité de l'éditeur ou des auteurs ne pourrait s'engager en cas de perte ou de dommage qui serait causé par une erreur ou une omission.

Écrivez-nous

Nous apprécions au plus haut point vos commentaires, précisions et suggestions, qui permettent l'amélioration constante de nos publications. Il nous fera plaisir d'offrir un de nos guides aux auteurs des meilleures contributions. Écrivez-nous à l'une des adresses suivantes, et indiquez le titre qu'il vous plairait de recevoir.

Guides de voyage Ulysse

4176, rue Saint-Denis, Montréal (Québec), Canada H2W 2M5, www.guidesulysse.com, texte@ulysse.ca

Les Guides de voyage Ulysse, sarl

127, rue Amelot, 75011 Paris, France, www.guidesulysse.com, voyage@ulysse.ca

Catalogage avant publication de Bibliothèque et Archives nationales du Québec et Bibliothèque et Archives Canada

Vedette principale au titre :

Mollé, Philippe, 1951-

      Le Montréal gourmand de Philippe Mollé

      2e éd.

      Comprend un index.

      ISBN 978-2-89464-608-3

      1. Restaurants - Québec (Province) - Montréal - Répertoires. 2. Épiceries fines - Québec (Province) - Montréal - Répertoires. I. Titre.

TX907.5.C22M62 2013b   647.95714'28   C2013-940627-1

Toute photocopie, même partielle, ainsi que toute reproduction, par quelque procédé que ce soit, sont formellement interdites sous peine de poursuite judiciaire.

© Guides de voyage Ulysse inc.

Tous droits réservés

Bibliothèque et Archives nationales du Québec

Dépôt légal – Troisième trimestre 2013

ISBN 978-2-89464-608-3 (version imprimée)

ISBN 978-2-76580-797-1 (version numérique PDF)

ISBN 978-2-76580-798-8 (version numérique ePub)

Imprimé au Canada

MIXTE
Papier issu de
sources responsables
FSC® C103567

sommaire

Comment utiliser
ce guide

Vous souhaitez vous laisser guider par l'auteur?

Consultez les listes de ses agréables surprises
(p. 14), de ses coups de cœur (p. 18), et des
établissements auxquels il a attribué des toques
(p. 24).

Vous avez une ambiance ou un genre d'établissement en tête?

Parcourez les autres listes thématiques concoctées
par Philippe (p. 19).

Vous recherchez un type de cuisine en particulier?

Les restaurants du chapitre « 140 restaurants
choisis pour vous » (p. 27) sont classés par
cuisines, puis par ordre alphabétique.

En quête d'autres adresses gourmandes (boucheries, poissonneries, boulangeries, pâtisseries, épiceries, marchés ou autres)?

Référez-vous au chapitre «80 découvertes gourmandes» (p. 176).

Envie de vous abandonner à d'autres plaisirs gourmands dans le confort de votre foyer?

Philippe vous propose 10 recettes à essayer (p. 204), 10 vins à déguster (p. 215) et 10 huiles pour cuisiner (p. 218).

Philippe Mollé

Né en France, Philippe Mollé est devenu un globe-trotteur de l'alimentation. Après des études en hôtellerie et restauration, il entame le parcours des grandes maisons, notamment chez Gaston Lenôtre et au restaurant Ledoyen à Paris, puis ensuite au Japon et à Tahiti au Park Royal, avant de revenir sur Montréal pour participer à l'ouverture de l'hôtel Vogue et du Société Café. Il se dirige ensuite vers le journalisme alimentaire où il prône une gastronomie ouverte à tous. Il manifeste au fil des années son intérêt pour l'agriculture et la défense des petits producteurs. Installé au Québec depuis les années 1980, il est aujourd'hui conférencier, auteur de plusieurs ouvrages et actif au sein de journaux comme *Le Devoir* et de nombreux magazines sur l'alimentation. Il participe depuis plusieurs années à l'émission radio *Samedi et rien d'autre* de Joël Le Bigot, sur les ondes de ICI Radio-Canada, et anime sa propre émission de télévision à la chaîne Évasion, *Les routes de Philippe*.

Mot de l'auteur

Depuis 2000 et chaque semaine, j'assume les chroniques «Restaurants» et «Alimentation» du journal *Le Devoir*. Dans mon guide Ulysse *Le Montréal gourmand de Philippe Mollé*, je souhaite vous faire partager mes passions gourmandes à travers les restaurants qu'il m'a été donné de visiter. J'aime autant les plats raffinés de haute cuisine que le fait de m'attabler dans un café ou un bistro pour déguster un bon sandwich, et j'apprécie aussi bien les sushis de Monsieur Tri que les couteaux de mer préparés au chic restaurant Toqué! par Normand Laprise. Avec mes suggestions d'adresses gourmandes, je souhaite aussi vous faire connaître les produits d'un boucher de la rue Beaubien, la baguette rétro de la boulangerie L'Amour du pain de Boucherville, ou encore les petits légumes de Jacques Rémillard, qui tient un kiosque au marché Jean-Talon durant l'été. Bref, je vous offre, en toute modestie, un voyage parmi les sens et les saveurs!

Cette sélection d'établissements ne représente qu'une infime partie des milliers de restaurants de Montréal, lesquels sont chargés, en plus de nous nourrir, de nous procurer du plaisir. Le décor, la qualité de la cuisine et la sélection des vins sont des éléments essentiels dans mes choix, mais l'originalité et la créativité de l'expérience gustative et le dosage de la musique peuvent aussi me séduire.

Dans cet ouvrage, je vous fais découvrir la vie des artisans des métiers de bouche, ceux qui ont au fil de leurs passions construit à ce jour le Grand Montréal gourmand. Je vous souhaite autant de plaisir que j'ai pu avoir à partager avec mes amis ces repas qui deviennent pour moi à chacune des bouchées toujours plus enrichissants.

Les grandes tendances

La restauration montréalaise a considérablement évolué au fil des dernières années, et certains établissements ont hélas disparu de la vaste carte gourmande du Grand Montréal. On a récemment vu l'explosion des *sushi bars* dont en réalité bien peu peuvent honorablement témoigner de l'art du poisson cru à la japonaise. L'influence des cuisines des pays nordiques que sont la Finlande, la Suède et la Norvège se fait sentir, et celles du Pérou, du Brésil et de l'Argentine font aussi partie de l'évolution alimentaire actuelle.

Passons toutefois sur les modes artificielles qui mélangent cuisine et folklore. Être chef implique des techniques de base et des connaissances de l'aliment. Bien cuire un poisson est un art, au même titre que celui de bien griller une viande ou d'arroser une volaille en cours de cuisson.

Aujourd'hui, les consommateurs sont grandement influencés par la visibilité télévisuelle et littéraire des chefs. Les chefs du XXIe siècle ont une approche de proximité à l'égard de leur clientèle et de leurs fournisseurs, et ils encouragent un retour vers des ingrédients issus de petits producteurs et des produits comme les abats, les légumes oubliés ou encore les morceaux de bœuf ou d'agneau à braiser.

Comment omettre aussi le retour du divin cochon, que l'on consommait jadis de la tête à la queue? Avec l'intervention remarquée de chefs comme Martin Picard du Pied de Cochon et de Charles-Antoine Crête du Toqué! et de la Brasserie T!, le cochon retrouve enfin la place qui lui est due.

Dans certains établissements, on mise actuellement plus sur l'ambiance, le décor et le côté branché, et on jouxte des plats de bistro comme les tartares et les bavettes à une cuisine moderne et colorée dans l'assiette.

On a banalisé au Québec la cuisine d'hôtels, mis à part quelques trop rares exceptions. Dans ces restaurants, on propose souvent une cuisine aseptisée, fade, sans âme et seulement d'assemblage. Une cuisine qui commence déjà mal au petit déjeuner avec ses œufs brouillés secs et trop cuits, ses pommes de terre achetées congelées et ses saucisses dont on s'abstiendra de parler. Une cuisine syndiquée à qui on a délibérément enlevé sa raison d'être : le plaisir.

La mode est aussi aux restaurants avec musique souvent trop forte, aux restos de filles qui aspirent aux salades gourmandes et à une cuisine plus végétarienne, et aux restos de gars qui rêvent encore et toujours de steaks Angus géants, de plateaux débordant de charcuteries et de bières de microbrasseries locales.

Et ne vous inquiétez pas si vous êtes déçu par certains restaurants proposés dans ce guide, il vous restera toujours St-Hubert, la fameuse chaîne préférée des familles québécoises, là ou le poulet est roi et la salade de chou crémeuse!

La cuisine de rue de retour à Montréal

On revendiquait depuis longtemps à Montréal le retour de la cuisine de rue comme on la retrouve dans toutes les grandes métropoles du monde. Eh bien, c'est fait. Cette fois ce sont des camions, dont certains sont équipés à la manière de restaurants, qui nous offrent une nourriture qui dépasse souvent ce que l'on propose dans les comptoirs de cuisine rapide : éclectiques ou conventionnels, parfois inusités, dans tous les cas ils demeurent accessibles.

Ces camions se garent de façon ponctuelle sur les grandes places du centre-ville et dans le parc du Mont-Royal, et sont également présents lors des différents festivals et grands événements qui sont présentés à Montréal, notamment dans le Quartier des spectacles et sur l'esplanade du Parc olympique. Certains de ces camions gourmands sont même sous la houlette de chefs connus. Pour le moment, voici la liste des établissements qui ont été retenus pour la saison 2013 et qui proposent une nourriture variée qui peut facilement combler tout le monde.

- **Alexis Le Gourmand** *(effilochés et burgers de dinde)*
- **L'Assommoir Mobile** *(produits du terroir)*
- **Boîte à Fromages** *(raclette sur pommes de terre)*
- **Camion Au Pied de Cochon** *(porc, canard, beignes)*
- **Cartel Mobile** *(mets mexicains et asiatiques)*
- **Chaud Dogs** *(hot-dogs artisanaux)*
- **Cuisine Lucky's Truck** *(poutine au canard confit, guédilles de crevettes)*
- **Gaufrabec** *(gaufres salées et sucrées)*
- **Gourmand Vagabond** *(sandwichs, charcuteries, fromages, salades)*

- **Grumman 78** *(tacos de viandes braisées)*
- **Landry & filles** *(sandwichs, salades et spécialités acadiennes)*
- **Lapin!** *(salades gourmets)*
- **Lucille's** *(huîtres, guédilles de homard, côtes levées BBQ)*
- **Nomade So6** *(saucisses)*
- **Ô sœurs volantes** *(sandwichs santé, salades)*
- **P.A. & Gargantua** *(excellents* grilled cheese*)*
- **La Panthère Mobile** *(salades et sandwichs végétariens et bio)*
- **Phoenix 1** *(sandwichs gourmets)*
- **Le point sans g** *(sandwichs, burgers végé, salades, gnocchis)*
- **Le Quai Roulant** *(*fish and chips*, gâteaux de crabe, sandwichs)*
- **Route 27** *(très grand choix de tartares)*
- **Roux** *(sandwichs, poutines,* grilled cheese*)*
- **St-Viateur Bagel** *(bagels au saumon fumé et au fromage à la crème)*
- **Le Super Truck** *(poulet frit, sandwichs au poulet et au flanc de porc)*
- **Le Tuktuk** *(cuisine thaïlandaise)*
- **Winneburger** *(choix de hamburgers)*
- **Zoe's** *(sandwichs au poulet grillé, au flanc de porc, à l'agneau)*

Appréciation des restaurants

Les établissements qui apparaissent dans ces pages ont tous développé ou démontré une certaine constance, un vécu alimentaire, ou encore nous offrent des moments d'évasion gourmande. Tous les prix sont mentionnés à titre indicatif et sont sujets à changement. Ces prix, généralement en vigueur en soirée, sont pour une personne et ne comprennent ni les vins ou alcools ni le service ou les taxes.

Les **toques** qui sont attribuées à chaque restaurant dans ce guide sont un indice mais jamais une finalité en soi. Ces classifications pourront changer au fil des prochaines éditions de ce guide, et les restaurants auxquels je n'ai pas attribué de toques ou de coups de cœur ne sont pas pour autant moins bons, mais ils offrent peut-être moins de choix, moins de confort, moins d'attentions, ou un décor plus simple. Avant de prendre une décision, j'évalue la qualité des mets présentés à chacune de mes visites, souvent au nombre de trois. Les commentaires de convives, les visites de critiques ou de chefs viennent étayer mes propos. Pour la liste de tous les établissements auxquels j'ai attribué des toques, reportez-vous à la page 24.

L'attribution d'**une toque** signifie que l'établissement propose une cuisine de qualité, emploie de bons produits et offre une ambiance distinctive.

Les restaurants qui reçoivent **deux toques** ont déjà toutes les qualités des établissements auxquels j'ai attribué une toque, mais avec en plus un sommelier et une belle carte des vins, du pain de meilleure qualité, des verres fins et un service courtois.

Pour les **trois toques,** la constance est nécessaire, et l'équilibre des arts de la table, du menu, de la carte des vins et du personnel choisi fait partie intégrante des facteurs déterminants au classement. Le pain, le café et les desserts ont autant d'importance que celle de bien se faire expliquer le menu ou la table d'hôte par le personnel de salle. De l'accueil au départ, l'ensemble doit être harmonieux et répondre à toutes les exigences.

 Mes **coups de cœur** représentent des instants de fébrilité gourmande. Ils peuvent être attribués à la suite d'une dégustation unique, grâce à une atmosphère saisissante ou tout simplement en raison d'un repas mémorable passé en compagnie de personnes aussi passionnées que moi. Vous trouverez la liste de tous mes coups de cœur à la page 18.

Certains lecteurs peuvent être déçus dans l'un ou l'autre des restaurants visités par mes soins. Dans tel cas, n'hésitez pas à me le faire savoir, et chaque remarque sera alors évaluée comme il se doit. Dans le même ordre d'idées, de bons bistros, restaurants et autres adresses gourmandes peuvent avoir été oubliés; n'hésitez pas à me les suggérer, ils feront peut-être partie d'une édition future de ce guide.

Amitiés gourmandes,

Philippe Mollé

pmolle@videotron.ca

Au hasard d'une visite, ces agréables surprises me procurent des moments inoubliables et me font découvrir des produits ou des saveurs particulières que je partage ici avec vous.

Le restaurant de l'heure

Tout le monde en parle: le restaurant du chef Antonio Park est l'endroit où vivre de grandes émotions gourmandes. Dans cet amalgame de cuisines coréenne, japonaise et européenne, on assiste à la fusion du yin et du yang.

Park, p. 158

La cuisine vagabonde du Mile-Ex

Dans un décor de récupération des plus simples, on découvre une cuisine originale qui marie les produits du jour aux essences de la Méditerranée.

Restaurant Mile-Ex, p. 67

Là ou le chien est roi

Tout a été bien pensé dans cet espace des plus accueillants qui permet enfin aux maîtres de pouvoir boire un petit verre ou de prendre une bouchée tranquille avec leur chien.

Hot Dog Café, p. 116

Le meilleur tartare en ville

Pour découvrir un restaurant audacieux et dynamique, qui ose même servir du tartare de cheval (le meilleur en ville selon moi). En prime, une carte des vins bien faite avec des choix judicieux.

Hôtel Herman, p. 54

De sublimes macarons

Leurs macarons aux multiples saveurs sont vraiment superbes. On en découvre un peu partout dans les épiceries, mais surtout dans leur boutique de l'avenue du Mont-Royal. Ne manquez pas non plus d'essayer leurs crèmes glacées et leurs perles de vinaigre balsamique.

Boutique Point G, p. 185

Un vrai bistro de quartier comme on les aime

Un bistro très convivial qui s'intéresse autant aux végétariens qu'aux mangeurs de viande et de poisson, et qui mise sur une clientèle prête à vivre des expériences uniques.

Pyrus Bistro, p. 62

Un « apportez votre vin » qui sait charmer l'âme et le corps

Plutôt sympathique comme petit restaurant de quartier, le Wellington est un des bons établissements où l'on peut apporter son vin. Une adresse qui mérite le détour à Verdun.

Wellington, p. 104

L'âme de l'Italie au marché Jean-Talon

Dans cette magnifique boutique, on se croirait en Italie tellement le choix de produits fins est abondant. C'est beau, c'est bon et on voudrait comme moi tout acheter.

Boutique Nicola Travaglini, p. 179

Parfois il m'arrive à la première impression ou visite d'être subjugué par un établissement, que ce soit pour sa cuisine ou son décor, ou encore parce qu'un plat particulier me fait dire que c'est un endroit hors du commun. Mais il m'arrive aussi lors d'une deuxième ou troisième visite de déchanter. Accident, peut-être, alors j'y retourne. Et puis là c'est l'effondrement, la catastrophe, le désappointement et finalement le déclassement. Voici donc pour cette année écoulée quelques-uns de ces «accidents de parcours» et autres déceptions.

Le Piment Rouge

Le piquant du piment est bien parti. Moi qui avais tant misé sur cet établissement de prestige au décor unique, je me retrouve devant une cuisine sans âme, comme celle que l'on retrouve dans bien des cas et souvent meilleure chez le «chinois du coin». Réveillez-vous Madame Mah, vous faites si bien lorsque vous le voulez!

Le Piment Rouge, *p. 149*

Le Bistro V

J'avais formulé beaucoup d'espoir sur ce bistro de la Rive-Sud. Une fois n'est pas coutume, mais horreur et déception lors d'une visite récente sur un de mes mets favoris, le foie de veau. Crayeux, insipide et probablement congelé, cette fois le foie n'avait plus de cœur. Il ne m'en fallait pas moins pour déclasser ce bistro et surtout le chef à qui il appartient d'assurer la constance. Dommage, car il se trouve dans mon coin de pays.

Bistro V, *p. 37*

L'Italie du Piémontais

L'an dernier, nous apprenions trop tard lors de la sortie du premier guide du *Montréal gourmand* la fermeture du restaurant Le Piémontais. Nous allons regretter la fidélité et la constance de ce classique de la cuisine italienne à Montréal. D'ailleurs, cette cuisine italienne stagne et demeure sur ses acquis dans la métropole, tout comme la cuisine française dont les escargots et bœufs bourguignons auraient bien souvent besoin d'un coup de rajeunissement.

Le Piémontais, *fermé*

Gauthier et la belle époque

Je me souviens encore des bons tartares, du boudin maison, de la gentillesse du service. C'était à l'époque où Moïse s'attablait au comptoir et veillait au grain. Puis, petit à petit, la terrasse a perdu de sa flamme, les desserts sont devenus ceux de la veille, le céleri rémoulade ne goûtait plus rien. Cette belle institution qu'avait fondée Moïse Gauthier va revivre sous un autre nom, mais ce ne sera jamais plus la même magie, celle qui existait à la belle époque où on disait « *On va chez Gauthier* ».

Bistro chez Gauthier, *3487 avenue du Parc, Montréal*

Olivier qui n'aura fait que passer

Un tel talent, des pâtisseries qui faisaient qu'on se croyait chez Hermé à Paris... Quel gâchis! Olivier Potier et son associé ne se sont point entendus et rupture il y eut. Le chef est devenu consultant, et même si sa pâtisserie demeure sous un autre nom, elle devra faire ses preuves car la marche est haute. Les éclairs, tartes au citron, carrés dorés et autres gourmandises de la rue Sherbrooke sont toujours vivants, mais le maître est désormais absent et les souris dansent!

Olivier Potier Pâtisserie, Boulangerie & Cie, *sous un nouveau nom*

Schwartz's : un goût amer

J'aime depuis toujours Schwartz's et j'y vais chaque année comme dans un pèlerinage annuel. Mais à ma dernière visite, l'endroit était sale : pas de filets ni de chapeaux de papier en cuisine, un environnement graisseux et le Coke aux cerises venait subitement de prendre un goût amer. Schwartz's n'était plus l'établissement que j'aimais, il lui manquait une petite touche, celle de Monsieur Net.

Schwartz's Montreal Hebrew Delicatessen, *p. 124*

Pour vous aider à choisir

Mes coups de coeur
(pour l'ensemble de leur oeuvre)

- **Beaver Hall** *p. 77*
- **Bouillon Bilk** *p. 39*
- **Café Sardine** *p. 107*
- **Graziella** *p. 129*
- **Impasto** *p. 130*
- **Laloux** *p. 90*
- **Park** *p. 158*

- **Restaurant Gandhi** *p. 172*
- **Restaurant Mile-Ex** *p. 67*
- **Toqué!** *p. 70*
- **Wellington** *p. 104*

Pour l'audace en cuisine

Pour la carte des vins

Pour apporter son vin

- **La Colombe** *p. 113*
- **La Prunelle** *p. 96*
- **Le Quartier Général** *p. 64*
- **Raza** *p. 170*
- **Wellington** *p. 104*

Pour le rapport qualité/prix

- **Au Cinquième Péché** *p. 44*
- **Beaver Hall** *p. 77*
- **Bistro sur la Rivière** *p. 79*
- **Casa Tapas** *p. 140*
- **Cava** *p. 164*
- **Chez Lionel** *p. 43*
- **Chez Victoire** *p. 111*
- **Le St-Urbain** *p. 69*
- **Restaurant Gus** *p. 66*
- **Sinclair** *p. 68*
- **Soy** *p. 150*
- **Wellington** *p. 104*

Pour le décor

- **Big in Japan** *p. 152*
- **Birks Café par Europea** *p. 35*
- **Café Grévin par Europea** *p. 41*
- **Europea** *p. 87*
- **Ferreira Café** *p. 142*
- **Helena** *p. 143*
- **Hot Dog Café** *p. 116*
- **Il Pagliaccio** *p. 133*
- **Le Club Chasse et Pêche** *p. 45*
- **Le Filet** *p. 52*
- **Toqué!** *p. 70*

Pour la terrasse

Pour l'ambiance branchée

Pour l'atmosphère décontractée

- **Bistro sur la Rivière** *p. 79*
- **Brasserie Central** *p. 81*
- **Café Sardine** *p. 107*
- **Casa Tapas** *p. 140*
- **Chez ma grosse truie chérie** *p. 110*
- **Cornichon** *p. 50*
- **Hot Dog Café** *p. 116*
- **Kitchen Galerie/ Kitchen Galerie Poisson** *p. 56*
- **La Prunelle** *p. 96*
- **Le Chasseur** *p. 109*
- **Le Comptoir Charcuteries et Vins** *p. 46*
- **Nora Gray** *p. 131*
- **Pintxo** *p. 144*
- **Primi Piatti** *p. 135*
- **Restaurant Vallier** *p. 123*
- **Tri Express** *p. 161*

Pour un repas en tête-à-tête

- **Brasserie Central** *p. 81*
- **Carte Blanche** *p. 83*
- **Decca 77** *p. 51*
- **Europea** *p. 87*
- **La Chronique** *p. 86*
- **Le Pois Penché** *p. 61*
- **Portus Calle** *p. 145*
- **Sata Sushi** *p. 160*
- **Toqué!** *p. 70*

Pour un repas d'affaires

Pour les noctambules

Les toques

🍴 à 🍴 ½

140 restaurants choisis pour vous

Cuisine
actuelle

Les 400 coups

400 rue Notre-Dame Est, Montréal, 514-985-0400, www.les400coups.ca

Dans le Vieux-Montréal, ce qui jadis était un magasin d'antiquités est devenu un rendez-vous pour les gourmets. On y fait d'ailleurs les 400 coups gastronomiques en offrant une cuisine créative, des vins proposés par Marie-Josée Beaudoin et des desserts signés Patrice Demers. Le décor très urbain et montréalais de par les photos qui représentent la ville sait d'entrée nous captiver. Un grand bar tient lieu de bar service, mais aussi d'assise pour y consommer la cuisine de Marc-André Jetté. La musique qui varie entre jazz et chansons françaises nous fait vibrer comme savent le faire les plats servis avec talent.

Croquettes de boudin, soupe de betteraves blanches, pétoncles et porcelet de la ferme Gaspor sont quelques exemples des plats qui se conjuguent avec les saisons ou encore au gré des tables d'hôte qui changent selon les produits et arrivages. Depuis son ouverture, le restaurant ne désemplit guère, et il faut dans tous les cas réserver. Plus encore, avec sa

On y va ...

pour les desserts de Patrice Demers, mais aussi pour l'ambiance urbaine et branchée qui attire son petit lot d'habitués.

présence à la télévision, Patrice Demers, la superstar de la pâtisserie montréalaise, attire les amoureuses du sucré, et quelques amoureux qui prônent autant la pomme verte que l'érable. Ne partez pas sans goûter à l'éternel pot-de-crème au caramel et sel de Maldon, à la crème au citron et à tous les autres desserts que le chef ajoute chaque jour.

$ 50 à 65

Ouvert le soir du mardi au samedi et le midi le vendredi

Excellent choix de vins, dont ceux du Vignoble de la Bauge et du Domaine Les Brome en Estrie

Accords 🍴

212 rue Notre-Dame Ouest, Montréal, 514-282-2020, www.accords.ca

Guy A. Lepage, Chantal Fontaine et Jean-Pierre Des Rosiers sont les trois associés de ce restaurant presque caché. J'aime la terrasse qui permet une évasion peu commune en pleine rue Notre-Dame. Le menu joue de termes humoristiques pour allécher le client, comme avec ces plats baptisés «J'en ai l'os plein la bouche» (pour des travers de porc), ou encore «La plus jolie poitrine de Saint Michel» (pour une poitrine de pintade de Saint-Michel-de-Bellechasse). Nous naviguons donc ici dans un milieu d'artistes. Le concept est intéressant mais fragile et peut varier en intérêt. Une bonne note toutefois pour avoir indiqué sur la carte les plats sans gluten.

On y va...

avant tout pour les vins, et peut-être pour tenter de voir Guy A. Lepage et Chantal Fontaine, bien que désormais la cuisine mérite que l'on s'y attarde.

Depuis ma dernière visite, la cuisine est devenue plus stable et semble avoir trouvé un style et une volonté de s'y tenir. Néanmoins, il s'agit davantage d'un superbe bar à vins que d'un restaurant gastronomique.

Le cadre est agréable et *cosy*, le service courtois et professionnel, mais la nourriture est souvent trop aventureuse pour celui ou celle qui recherche le confort classique d'Épicure. Le choix des vins est à la hauteur des attentes, et l'on découvre de véritables petits trésors cachés que Guy A. Lepage a lui-même goûtés. Très bon pain servi.

$ 45 à 55 | *Ouvert le midi du lundi au vendredi et le soir du mardi au samedi* | *Vins au verre disponibles, terrasse*

Ariel *

2072 rue Drummond, Montréal, 514-282-9790, www.arielrestaurant.com

Il fut un temps où j'aurais volontiers donné deux, voire trois toques à ce restaurant caché dans un demi-sous-sol de la rue Drummond. Hélas, la cuisine n'est plus aussi fine et soignée que jadis, la créativité fait défaut, et le service attentionné a laissé place à un service utilitaire mais sans âme.

Malgré le fait qu'on annonce plus de 700 vins disponibles, que le décor demeure agréable et que la terrasse attire le soleil, on demeure sur sa faim quand on mange les crêpes de porc braisé et d'oignons caramélisés. Le Schnitzel de veau Cordon bleu et sauce à la moutarde absolument inutile est toutefois bon et copieux.

Que faudra-t-il pour que ce restaurant pourtant bien tenu retrouve sa fougue culinaire, celle d'une époque où le choix à Montréal pour bien manger était beaucoup moins important qu'à ce jour?

On y va ...

par remords en espérant pouvoir retrouver le temps passé.

Le bar demeure par contre très agréable pour savourer un superbe scotch, ou encore pour prendre un verre de vin avec une tarte aux tomates confites.

$ 45 à 55

Ouvert le midi du mercredi au vendredi et le soir du mardi au samedi

Terrasse

L'Arrivage

350 place Royale, Montréal, 514-872-9128, www.pacmusee.qc.ca

« *Mille sabords de mille sabords* », comme dirait le Capitaine Haddock, il est presque dommage que ce petit bistro au nom bien sympathique ne soit ouvert que le midi. Au deuxième étage du musée Pointe-à-Callière, on y retrouve Pierre Lavallée, un chef fidèle au poste et à sa cuisine. Ne soyez pas surpris, on ne parle pas ici de grand restaurant au service guindé qui vous rend coupable de ne pas avoir appris par cœur le *Larousse gastronomique*. Un grand nombre d'habitués ont d'ailleurs fait de ces lieux leur cantine de luxe, sans vraiment grand luxe cependant.

On y va...

parce que c'est pratique, simple et bon, et très abordable!

J'aime l'endroit pour sa constance établie et le fait que l'été on puisse ouvrir les grandes fenêtres qui donnent sur le port. J'aime aussi le fait que la cuisine change, mais sans occasionner les surprises de goût et de prix qui laissent parfois ailleurs un goût amer et une poche à moitié vide.

Pâtes du jour, poisson frais ou plat mijoté, peu importe, avec une belle simplicité et sans prétention, l'endroit est agréable aussi bien pour la vue sur le port que pour l'ambiance qui y règne. Petite carte des vins, simple mais suffisante pour un midi sans surprises. Bières locales disponibles, bonne qualité de pain et bon café en finale.

$ 30 à 35

Ouvert le midi tous les jours, ainsi que pour certains événements thématiques comme la fête des Mères

Table d'hôte de 18$ à 20$

Bar & Bœuf

500 rue McGill, Montréal, 514-866-3555, www.baretboeuf.com

Nous sommes ici dans le Montréal urbain. Une salle à manger au décor résolument moderne et branché, sur deux étages, pouvant recevoir jusqu'à 160 personnes assises et plus encore lors des soirées cocktails. En fait, cet établissement bon chic bon genre du Vieux-Montréal navigue entre le resto huppé et le bistro branché. Les 5 à 7 savent aussi recevoir les gens d'affaires du centre-ville, que le décor et les éclairages mettent élégamment en lumière et qui se trouvent attablés devant les écrans plasma autour du bar, surtout quand le Canadien accède aux séries d'après-saison. La salle joliment décorée et les tables bien mises permettent l'évasion gourmande. Un large soin est aussi porté à la cave et à son cellier bien apparent qui renferme quelques trésors.

On y va …
pour les cocktails, mais aussi pour être vu ou pour reluquer le voisin!

Avec ce nom qui rebutera sans doute les anti-viandes, nous ne sommes guère surpris d'apprendre que le bœuf, le veau et le porcelet sont en ces lieux dignement représentés. On mise donc, bien sûr, sur la viande et sur la publicité légèrement abusive du bœuf Angus. Le tout dans un mélange de genres éclectiques qui parfois se cherche. Par exemple, ce foie gras de canard cru avec meringue et moutarde japonaise, ou encore ce *surf and turf* avec filet de bœuf et (ouf!) thon albacore. Restons sur les valeurs sûres, comme le tartare ou encore le ris de veau aux pâtes fumées. Un bon point, malgré une carte restreinte (mais tout même étoffée depuis ma première visite), on sert une cuisine fraîche du marché et du pain de qualité. Par contre, il arrive que l'on oublie de servir de l'eau.

$ 35 à 55	Ouvert le midi du mardi au vendredi, et le soir du mardi au samedi	Très bonne musique offerte, toujours bien dosée

Bar Furco 🍺

425 rue Mayor, Montréal, 514-764-3588, www.barfurco.com

Ça nous change de Chez Simone et de sa petite buvette étroite. Ici chez Furco, on ne manque pas de place. La salle à manger signée par Zébulon Perron se veut urbaine et branchée, avec sa grande façade vitrée, son long bar et son décor résolument moderne et éclectique. Dans le Quartier des spectacles, c'est comme un vent de fraîcheur qui s'amène.

Aux fourneaux, Joëlle Trottier, l'ex-chef de La Buvette Chez Simone, rayonne. Elle sait exactement quoi servir et proposer à cette clientèle urbaine qui aime la musique forte : le magret de canard, la morue au boudin, le tataki de bœuf, le gravlax de truite… j'en passe et des meilleurs.

On y va…
pour voir la belle cuisine à aire ouverte et pour l'ambiance.

Le service est encore confus, et il lui arrive même de se tromper de table. Mais c'est un endroit qui va grandir et sans aucun doute devenir un lieu de référence et un endroit fétiche des Montréalais.

$ 30 à 45	*Ouvert tous les soirs jusqu'à 3h, cuisine jusqu'à minuit*	*Très bon choix de vins*

Birks Café par Europea

1240 rue du Square-Phillips, Montréal, 514-397-2468, www.birks.com

Dans la célèbre et historique bijouterie de Montréal, le groupe Ferrer et leur associé bien connu, Francis Reddy, ont réuni leurs talents pour ouvrir un café chic où les BCBG de Montréal aiment se retrouver pour un café ou un repas léger.

Cet endroit charmant qui dénote une grande classe propose une cuisine actuelle, parfois trop sophistiquée, mais toujours d'une fraîcheur exemplaire. Faute de place et de cuisine pratique, on doit s'accommoder de plats reconstitués et cuisinés dans les belles cuisines du restaurant Europea.

On peut aussi y déguster les glaces ou sorbets et gâteaux de Jean-Marc Guillot, le nouveau MOF (Meilleur Ouvrier de France) des lieux, ou encore y prendre le traditionnel *afternoon tea* à l'anglaise avec des scones qui sont fabriqués dans Notre-Dame-de-Grâce juste pour Jérôme Ferrer, puis cuits sur place. Cet endroit mythique de Montréal renoue donc ainsi avec les traditions du défunt grand magasin Eaton, où prendre le thé en après-midi était de bon aloi et de bon goût. Sauf que cette fois, on ne voit plus les beaux chapeaux des dames du Ritz ou de chez Eaton, mais un mélange de gens branchés comme on en retrouve partout sur la planète.

> *On y va ...*
>
> *pour être vu parmi des gens chics, mais aussi pour le thé à l'anglaise qui reste un des meilleurs de Montréal.*

Le Café Birks demeure un très beau et chic café, mais son petit frère, le Café Grévin, lui dame sérieusement le pion.

$ 35 à 45 | *Ouvert le matin et le midi tous les jours, et le soir les jeudis et vendredis*

Bistro Cocagne ♨♨

3842 rue Saint-Denis, Montréal, 514-286-0700, www.bistrococagne.com

Alexandre Loiseau est décidément un grand chef. Un chef qui mise avant tout sur la qualité des produits et la valorisation des petits producteurs locaux en nous offrant une cuisine inventive et créative, mais surtout de bon goût. Un chef qui affectionne aussi les producteurs biologiques comme son ami Léon de Martinique, chez qui il va se ressourcer presque tous les ans. Un chef qu'on aime autant pour sa capacité à jouer avec la betterave et la gourgane en saison que pour sa justesse au niveau des cuissons, particulièrement celle des poissons.

On y va ...

pour l'originalité de la cuisine du chef Loiseau, mais aussi pour sa constance.

On retrouve un mélange de modernisme et d'un certain classicisme dans la salle toute en longueur qui peut recevoir 70 personnes et le salon qui peut accueillir une vingtaine de convives. Loiseau sait délibérément s'épauler de personnel compétent, et cela se retrouve particulièrement au niveau du service et dans la connaissance des vins que l'on propose chez Cocagne.

Pour ma part, ce chef trop timide manque toutefois d'ambition. De la trempe des grands que l'on trouve à Montréal, il lui manque le côté marketing dont se servent abondamment certains chefs et qui lui permettrait de rehausser sa visibilité sur la scène montréalaise.

Les grandes spécialités qui ont fait le renom de Cocagne : le poisson, le foie gras à l'érable, le canard, le pouding chômeur et la glace à la vanille. À découvrir aussi, ses brunchs de la fête des Mères ou de Pâques, ou encore ses soirées à thème où le chef sait fort bien captiver nos sens.

$ 40 à 55

Ouvert le soir du mercredi au lundi

Bistro V

2208 route Marie-Victorin, local 102, Varennes, 450-985-1421,
www.bistrov.com

Tout comme sur la Rive-Nord de Montréal, il est vrai que les bonnes tables ou les bistros intéressants ne courent pas les rues sur la Rive-Sud. Alors quand on en tient un, on ne le lâche pas. C'est peut-être ainsi qu'ont réagi les gens de Varennes à la suite de l'implantation de ce bistro dans leur ville.

Il faut dire que, vu de l'extérieur, rien n'indique vraiment la différence entre le Bistro V et ce qu'on retrouve de façon habituelle sur la route Marie-Victorin. À l'intérieur, c'est tout autre chose. Un local moderne, bien arrangé et qui laisse deviner une influence asiatique dans sa décoration: du rouge derrière le bar, des pierres dans le petit salon privé et des tables bien dressées dans l'attente des convives. Le patron est au service, tandis que le jeune chef associé veille au grain en cuisine.

On y va...
pour les remercier d'avoir osé amener un bon bistro sur la Rive-Sud!

Une cuisine à l'image de bien des endroits et qui souhaite plaire à tout le monde. Quelques plats, comme la crème d'oignons à l'érable, aux lardons fumés et au fromage cheddar Île-aux-Grues, sont une vraie réussite. Beaucoup de tartares et des sauces souvent trop riches s'ajoutent toutefois à des plats qui combinent des ingrédients à n'en plus finir. Grande déception lors d'une récente visite: un foie de veau totalement manqué. Par contre, le chef valorise les producteurs locaux du Québec, de sa région quand il le peut, et améliore constamment sa cuisine qui progresse de jour en jour.

Terrasse qui donne sur la bruyante route Marie-Victorin, mais qui permet malgré tout de prendre un verre de rosé par beaux jours.

$ 45 à 55	*Ouvert le midi du mardi au vendredi et le soir du mardi au dimanche*	*Belle carte de vins proposés à la bouteille ainsi qu'au verre, terrasse*

Boris Bistro

465 rue McGill, Montréal, 514-848-9575, www.borisbistro.com

On parle ici d'un bistro du Montréal urbain qui a su au fil du temps s'adapter aux modes et tendances. L'endroit est charmant et joliment décoré. En plus des touristes qui s'y attablent, on y retrouve une clientèle d'affaires et de fidèles surtout le midi. Dès les beaux jours, sa terrasse est prise d'assaut. En plein centre-ville, il faut avouer que l'endroit est des plus agréables pour prendre une *'tite* bière ou une *'tite* coupe de rosé.

La cuisine que l'on sert tant à l'intérieur qu'à l'extérieur est un amalgame de plats qui ont au fil du temps fait leurs preuves. Un mélange qui oscille de l'Italie à la France pour revenir discrè-

On y va...
surtout pour la jolie terrasse.

tement au Québec. Par exemple, le risotto qui se mélange avec la rillette de canard, ou encore la blanquette de veau qui taquine la poutine Boris. Peu importe, le mélange éclectique donne de bons résultats, et le consommateur en a pour son argent. Seule évolution souhaitée, les desserts qui, eux, ont pris comme un air de vieux malgré la fraîcheur de l'air conditionné. C'est bruyant, mais tout le monde semble aimer cela : les habitués se saluent comme s'ils retrouvaient de bonnes vieilles connaissances. Bonnes bières locales et carte des vins suffisante.

$ 35 à 45   *Ouvert tous les jours midi et soir durant la saison estivale, fermé le samedi et le dimanche en hiver*   *Terrasse*

Bouillon Bilk ♦♦

1595 boulevard Saint-Laurent, Montréal,
514-845-1595, www.bouillonbilk.com

Le Bouillon Bilk attire une foule d'amateurs de bonne bouffe sans artifices inutiles avec sa cuisine qui sait nourrir aussi bien l'âme que le ventre. Depuis son ouverture, l'endroit est toujours plein et toujours aussi bon. Avec elle en salle et lui en cuisine, François Nadon et Mélanie Blanchette forment le parfait petit couple de restaurateurs fabriqués sur mesure pour ce genre d'établissement.

Le décor de blanc vêtu, assez minimaliste, se teinte de couleurs avec ses plaques d'acier brut et ses tables de bois recyclé, mais surtout par le caractère cosmopolite de sa clientèle. Les cartes du midi et du soir proposent un choix de cinq ou six entrées et autant de plats principaux qui évoluent selon la saison et les arrivages. Le cardeau, un poisson plat, est servi avec de la poire et du radis japonais, tandis que les ris de veau croustillants sont accompagnés d'une petite salade romaine revisitée. Tout est fin et subtil dans les accords, et à chaque bouchée, c'est le ciel qui s'ouvre à nous.

> *On y va ...*
>
> *premièrement et avant tout pour la finesse de la table.*

Les autres plats et desserts sont à l'image du reste, de bon goût. On se régale avec le canard en deux services, le porc aux palourdes, la fameuse gelée de pamplemousse, ou encore le petit pot chaud de biscuits ou les fraises de M. Legault.

Un restaurant qui fait plaisir malgré parfois l'effet de proximité des tables qui vous permettent, sans y être invité, de participer à la conversation des voisins. Le service est convivial, mais toujours professionnel.

$ 48 à 60 | *Ouvert le midi du lundi au vendredi et le soir du lundi au samedi* | *Jolie carte des vins dont une grande partie sont d'importation privée*

Brasserie T! 🍴🍴

1425 rue Jeanne-Mance, Montréal, 514-282-0808, www.brasserie-t.com

On ne présente plus Normand Laprise, le gourou des chefs québécois déjà bien présent à la tête du Toqué!. Tout en supervisant, il a confié à son équipe les commandes du «piano» de son bistro, qui affiche la même architecture que son voisin, le F Bar: un long rectangle moderne, vitré de toute part, qui laisse apercevoir la beauté des lieux avoisinant la place des Festivals.

Les menus changent au fil des saisons et en fonction des produits du marché. La Brasserie T! cherche à mettre en valeur le porc de Damien Girard de Charlevoix et les légumes de Monsieur Daigneault, comme le fait si bien l'équipe du Toqué!. Reste qu'il faut goûter à la poêlée de champignons avec œuf mollet, ou encore à la saucisse dite de Montréal, sans faille. Dans une belle et fine verrerie, on apprécie des vins au verre d'importation privée. On peut également s'installer au bar pour savourer un cocktail ou une flûte de champagne.

On y va...

pour la fraîcheur de la cuisine et pour l'ambiance du Quartier des spectacles!

Ce bistro met de beaux efforts sur les desserts qui sortent des sentiers battus et de l'habituelle crème brûlée que l'on retrouve partout. D'ailleurs, en après-midi, on peut tout simplement consommer un dessert avec un café ou un verre de vin.

$ 45 à 55 | *Ouvert tous les jours midi et soir* | *Terrasse*

Café Grévin par Europea

Centre Eaton, 705 rue Sainte-Catherine Ouest, 5ᵉ étage, Montréal,
514-788-5213, http://cafegrevinpareuropea.ca

Et hop cascade!, un de plus pour le groupe Ferrer, qui ajoute cette fois un café-salon de thé au tout nouveau tout chaud Grévin Montréal, un musée de cire qui permet de découvrir des icônes comme Rock Voisine, Jean Drapeau ou René Lévesque.

Ce lieu magique du cinquième étage du célèbre Centre Eaton accueille dans un style très européen le Café Grévin par Europea. Comme son petit frère le Birks Café, le Café Grévin propose un resto-boutique pour prendre un repas léger ou consommer de très bons sandwichs emballés comme des cadeaux.

On y propose aussi des boîtes à lunch pour emporter et des pâtisseries de grande qualité préparées par le MOF (Meilleur Ouvrier de France) Jean-Marc Guillot.

On y va ...
pour visiter le musée et pour casser une petite croûte.

À ne pas manquer, le petit déjeuner à la française que l'on sert tôt le matin dès l'ouverture du musée. L'endroit est agréable et permet de prendre une pause rafraîchissante en plein centre-ville.

$ 25 à 35 | *Ouvert le matin et le midi tous les jours*

Chez L'Épicier ▪▪

311 rue Saint-Paul Est, Montréal, 514-878-2232, www.chezlepicier.com

Laurent Godbout fait partie de ces jeunes chefs qui officient dans plusieurs établissements à la fois. Surtout depuis que, comme Martin Picard du Pied de Cochon, il s'adonne à l'art du sucre dans sa cabane, et que son bistro de Granby marche fort bien, merci. L'Épicier fait partie des premiers restaurants du chef et offre en plus un petit coin épicerie.

Ici, les murs de pierres nous racontent l'histoire du Vieux-Montréal, et le décor allie en toute simplicité la pierre et le bois pour donner au restaurant un ton froid presque classique. Les tables sont bien nappées, la verrerie et la vaisselle sont de qualité, et de grands tableaux noirs s'étalent sur les murs pour nous annoncer les plats du jour et les vins à découvrir. Il est possible de consommer au bar ou dans l'un des petits salons qui peuvent accueillir jusqu'à 40 personnes.

On y va ...

pour prendre un verre au bar ou encore pour un lunch sympathique.

On retrouve ici une cuisine empreinte des produits du Québec qui met de l'avant les petits producteurs locaux. Cela dit, Laurent Godbout découvre lors de ses nombreux voyages des saveurs qu'il mélange parfois avec audace, procurant une certaine complexité aux plats servis. Même lorsque le chef Godbout est absent, l'endroit demeure une valeur sûre dans le Vieux-Montréal. Demandez les fromages du Québec et un choix de bons pains en arrivant, et régalez-vous des pétoncles géants, du cerf de Boileau, des champignons frais, ou encore du magnifique flétan en croûte de pain noir. Les tables d'hôte diffèrent du midi au soir, et une très belle carte de vins vendus au verre ou à la bouteille est proposée.

$ 50 à 60	Ouvert tous les soirs et le midi du lundi ou vendredi	Service de traiteur et salons privés

Chez Lionel

1052 rue Lionel-Daunais, Boucherville, 450- 906-3886, www.chezlionel.ca

On l'attendait ce nouveau Perreault. Il est là désormais, bien installé à Boucherville dans ce qu'était autrefois le restaurant La Saulaie. Ce nouveau quartier branché de Boucherville qui affiche un visage résolument urbain est l'endroit parfait pour recevoir l'artiste culinaire Ian Perreault.

Le décor de son bistro est agréable et moderne avec son grand cellier et son joli bar qui permet autant de consommer son repas sur place que de siroter une des nombreuses bières de micro-brasseries offertes. Cuivre, banquettes, bois et autres matériaux nobles ajoutent à l'atmosphère.

Mais on vient surtout ici pour savourer une cuisine inventive qui change au fil des saisons. Oui, le chef Perrault est bien un magicien puisqu'il réussit même à nous faire saliver avec de la laitue Boston.

On y va ...
pour la cuisine inventive de Ian Perreault.

Un menu du midi à 17$, des burgers revisités, du bon pain de chez le voisin (L'Amour du pain) et un service d'une gentillesse exemplaire : voilà donc le nouveau Perreault qui poursuit la revitalisation de la Rive-Sud en matière de restauration.

$ 30 à 45	*Ouvert midi et soir tous les jours*	*Brunch la fin de semaine, menu du midi à bon prix* *Terrasse*

Au Cinquième Péché

4475 rue Saint-Denis, Montréal, 514-286-0123,
www.aucinquiemepeche.com

Un menu qui s'affiche sur une grande ardoise posée sur la pierre, un décor de bistro français et hop!, on découvre une cuisine nomade qui valorise les produits locaux comme le loup marin, le maquereau et le homard des Îles. L'été, on profite de la terrasse pour apprécier les légumes locaux ramassés par le chef au marché Jean-Talon ou issus de petits producteurs qui viennent livrer directement leur petite production.

L'endroit est agréable et souvent occupé par les habitués du Plateau. La cuisine s'est assagie, mais on retrouve encore au menu les spécialités qui ont fait la renommée des lieux, comme le loup marin en tataki à la japonaise, mais aussi des plats pour le moins curieux, telle cette poutine aux merguez de phoque. Un péché véniel si on considère que les merguez ne peuvent qu'être constituées de viande d'agneau ou de mouton.

On y va ...
pour découvrir le loup marin, mais aussi pour la langue d'agneau grillée, elle qui n'a jamais menti.

Voilà donc un bistro sans prétention mais qui sait nous faire pécher par gourmandise, notamment en goûtant à ce curieux mais intéressant *cheesecake* à la chicorée, aux biscuits Spéculoos et aux prunes. Belle carte des vins à prix accessibles et service courtois et professionnel.

$ 30 à 45   Ouvert midi et soir du mardi au samedi   Terrasse

Le Club Chasse et Pêche ❦❦❦

423 rue Saint-Claude, Montréal, 514-861-1112,
www.leclubchasseetpeche.com

Claude Pelletier est sans aucun doute un grand chef, et il nous le prouve de façon constante avec son restaurant Le Club Chasse et Pêche. Dans un décor *cosy* mais un peu sombre où le gibier et les poissons apparaissent un peu partout, on déguste une cuisine intime qui permet l'évasion gourmande pour une expérience gustative sans pareil.

La cuisine de M. Pelletier varie au fil des saisons et surtout des produits. On peut apprécier le cerf de Boileau, les champignons frais et le risotto au foie gras, et des plats de poissons, crustacés et mollusques, sont aussi bien présents au menu. À noter, les efforts constants dans la recherche de vins spéciaux et de petits producteurs que le chef aime nous faire découvrir, de même que la qualité du pain et du café qui complètent merveilleusement le repas. La musique est bien

On y va …

pour la constance de la cuisine et pour un souper d'amoureux.

dosée, et le service est professionnel et attentionné. Seul bémol, les desserts pourraient être plus étoffés sur la carte.

Le succès dont jouit le restaurant ne monte pas à la tête des associés qui se retrouvent désormais à la tête de trois établissements. On retrouve toujours ici ce qui fait souvent défaut ailleurs : une rigueur à toute épreuve.

$ 65 à 75	*Ouvert le soir du mardi au samedi et les midis en été*	*Très belle cave et grands crus, terrasse*

Le Comptoir
Charcuteries et Vins

4807 boulevard Saint-Laurent, Montréal, 514-844-8467,
www.comptoircharcuteriesetvins.ca

C'est le culte du cochon enfin retrouvé à Montréal. Pour tous ceux qui vouent un intérêt sans remords à la charcuterie de qualité, voilà la place où aller. Honnêtement, je suis heureux dans ce comptoir-bar à vins au décor moderne et agréable, mais qui offre aussi sa touche de rusticité avec ses tables de bois.

L'endroit est idéal pour se retrouver avec des copains et saucissonner avec un plaisir non coupable. La délirante charcuterie est fabriquée avec les produits de l'entreprise québécoise Porc Meilleur, qui élève et vend un porc complètement naturel. On utilise toute la bête pour fabriquer le *lomo*, le fromage de tête, les saucisses et les saucissons, parce que dans le cochon comme ici tout est vraiment bon.

On y va ...

pour se gaver de charcuteries sans mauvaise conscience, et découvrir de véritables trésors de vins.

Le service est à l'image des lieux, sympathique et sans prétention. On propose un excellent choix de vins d'importation et on évite aussi des prix abusifs et cachés dont certains restaurateurs usent abondamment avec l'importation privée. Ici, on demeure sage et respectueux de la clientèle.

$ 35 à 45	*Ouvert le midi du mardi au vendredi et tous les soirs*	*Brunch servi le dimanche de 10h30 à 14h*

Les Cons Servent

5064 avenue Papineau, Montréal, 514-523-8999, www.lesconsservent.com

Sur l'avenue Papineau, ce restaurant à thème au décor résolument urbain branché, avec son grand bar installé devant une bibliothèque murale emplie de pots Mason, de conserves et d'un grand choix d'ouvrages culinaires, captive une clientèle d'habitués qui aiment une cuisine quelque peu insolite.

Œufs dans le vinaigre, betteraves, cornichons… on se croirait revenu en 1950. Mais ne vous y trompez pas, la cuisine est très actuelle et parfois surprenante avec son mélange de classique et de moderne.

À l'inverse de ceux qui passent au grand désespoir des convives, ce restaurant reste et demeure. Je suis persuadé toutefois que quelques modifications lui feraient du bien, et que l'on pourrait offrir un choix plus large de plats tout en conservant le même style.

On y va…
pour le look et la belle simplicité des lieux.

Il est possible d'emporter les plats, et la maison dispose d'une cave unique à prix très compétitifs.

$ 35 à 45

Ouvert le soir du lundi au samedi

Le Contemporain

Musée d'art contemporain, 185 rue Sainte-Catherine Ouest, Montréal,
514-847-6900, www.macm.org

La chaleur manque indéniablement dans le décor de ce bistro installé dans le Musée d'art contemporain, et elle n'est pas plus présente au menu qui semble, comme l'établissement, vouloir demeurer stoïque et presque fade.

Oui, on nous sert toujours la bavette, le risotto, le boudin et les tartares, et les produits du Québec sont bien mis de l'avant. Les desserts sont bons, fins et gourmands, et l'on propose un excellent choix de pains provenant de la boulangerie Arhoma.

On y va ...

pour prendre le pouls de la Place des Arts et pour se faire voir avant le spectacle.

L'été, la clientèle profite d'une terrasse bien en vue (mais un peu bruyante) pour assister aux festivals, laquelle se vide en deux temps, trois mouvements pour les spectacles à la Place des Arts.

Attention, on ferme tôt les portes le soir, et il faut demander le gardien du musée pour pouvoir ressortir. On est encore loin des cousins que sont le T et le F, qui eux demeurent ouvert tardivement. Autres bémols : la carte des vins insuffisante pour ma part et un service qui tarde à s'améliorer d'année en année.

Bref, cet endroit pourrait mieux faire s'il veut devenir une référence dans ce lieu privilégié du monde artistique.

$ 40 à 50

Ouvert le midi du mardi au vendredi, et le soir du jeudi au samedi

Terrasse qui donne sur la Place des Arts

Le Continental

4007 rue Saint-Denis, Montréal, 514-845-6842, www.lecontinental.ca

J'adore ce bistro qui mélange le rétro et le contemporain. Sa grande carte du monde nous annonce que les patrons sont ouverts sur la planète avec ce qu'elle apporte de bon et de savoureux, et qu'ils sont des amateurs de voyages.

On ne prétend pas ici faire de la grande cuisine, mais on mise sur la convivialité dans un endroit plein de charme où le client peut aussi apprécier les vins de la maison qu'Alain Rochard sait fort bien chouchouter. Cette carte des vins des plus intéressantes compte quelques grandes maisons et des produits habituellement rares dans les bistros. Quand M. Rochard est présent, questionnez-le sur les vins de son Vignoble du Loup Blanc (ou sur n'importe quel autre vin), il vous tiendra le crachoir durant de longues minutes.

On y va ...

avant tout pour le beau choix de vins et l'esprit qui anime la place.

On change le menu toutes les semaines en fonction des humeurs du chef, mais surtout des saisons et de la disponibilité des produits. Le chef aime d'ailleurs improviser parfois sur le gibier ou le poisson, chose trop rare pour nos chefs habitués aux éternels saumon et bar du Chili. J'aime beaucoup l'échine de porc braisée et céleri rave sauce gribiche, tout comme le *fish and chips* de morue.

Un restaurant qui gagne à être connu.

$ 35 à 45

Ouvert tous les soirs

À découvrir, les vins provenant du vignoble français du propriétaire

Cornichon

1291 avenue du Mont-Royal Est, Montréal, 438-381-8167

Les restaurants de Montréal changent facilement de nom. Sur le Plateau Mont-Royal, on est des spécialistes dans le genre. Le Cornichon, anciennement le Bistro Etc., affiche un décor agréable et presque passe-partout, tout comme la cuisine que l'on y sert. En fait, ici rien n'est ni mauvais, ni surprenant. On y propose hélas un menu à rallonge qui offre de tout, des salades aux sandwichs clubs (qui sont, il faut le dire, bons) en passant par des pâtes, des plats de poulet et de poisson, des crêpes, des *bagels*... et ça ne finit plus.

On y va ...

pour l'ambiance du Plateau et pour les prix relativement abordables.

Oui, il est vrai que l'endroit est devenu très populaire avec ses petits déjeuners qui s'éternisent tous les jours jusqu'à 16h (souvent en semaine, s'y retrouvent dès 7h les lève-tôt qui viennent prendre leur œuf bénédictine au fromage ou au pesto). Il est vrai aussi que l'ambiance est parfois électri-sante, avec une musique trop forte, parfaite pour répondre aux exigences de la clientèle jeune et branchée du secteur.

Bonne note pour le prix des vins et des plats qui permettent de s'en tirer à bon compte.

$ 25 à 35 | *Ouvert matin, midi et soir tous les jours*

Decca 77

1077 rue Drummond, Montréal, 514-934-1077, www.decca77.com

Dans un décor résolument urbain, très branché, le nouveau chef Jean-Sébastien Giguère apporte un vent de renouveau à cet établissement en recherche de stabilité. Le chef et sa brigade proposent deux formules, une dite gastronomique et une autre qu'ils qualifient de type brasserie. Un mélange des genres qui présente tantôt une cuisine actuelle avec souvent des tartares ou du saumon, tantôt un menu du jour très abordable qui varie selon les arrivages et favorise les produits issus de producteurs sérieux du Québec.

On y sert de très bonnes frites et des desserts qui sortent de l'habituelle crème brûlée au chalumeau. Le pain est aussi de qualité, mais le café n'est malheureusement pas toujours servi très chaud.

On y va...
pour être vu, mais de grâce, évitez les soirs de hockey surtout si le Canadien gagne.

Un grand bar, prisé certains soirs de hockey tout comme le restaurant d'ailleurs, propose cocktails et vins d'importation privée. Le tout dans une ambiance survoltée où toute une clientèle bon chic bon genre aime se faire voir. Service courtois et professionnel.

$ 45 à 55 | *Ouvert midi et soir du lundi au samedi*

Le Filet ♣♣♣

219 avenue du Mont-Royal Ouest, Montréal, 514-360-6060, www.lefilet.ca

Voilà un restaurant très urbain, très éclectique et branché. Le décor de métal peut sembler froid au premier abord, mais s'articule sous un éclairage bien dosé dès la venue des premiers convives. Un grand bar permet de s'attabler aussi bien pour consommer un repas que pour y prendre un verre de vin. Dans ces lieux magiques, on savoure une cuisine inspirée et de qualité que l'on peut jumeler avec des vins d'importation parfois unique.

Les associés sont tous des gens aguerris à la restauration, et ils le prouvent autant au niveau des vins que de la qualité de la table, vraiment constante depuis l'ouverture. Un merveilleux exemple à suivre, car au Filet vous n'êtes jamais un poisson pris au piège.

On y va ...
pour la qualité de la cuisine et pour côtoyer les branchés du quartier.

Toute la carte qui varie au fil des saisons et des produits nous offre surprises et découvertes : tataki de bœuf Wagyu, tartelette d'escargots, cardeau, homard à la hollandaise d'oursins, ris de veau croustillant... Un pur régal cuisiné avec perfection. Et ne vous inquiétez pas si les plats mentionnés ne sont plus sur la carte, car le chef la change très souvent, surtout (et tant mieux pour nous) en fonction des produits disponibles. Et les desserts sont à l'image du reste, bons et originaux. Les réservations sont plus que nécessaires.

$ 55 à 70

Ouvert tous les soirs   Très belle cave

Le Garde-Manger ☕ ½

408 rue Saint-François Xavier, Montréal, 514-678-5044,
www.crownsalts.com/gardemanger

Bardé de tatouages culinaires, le chef et vedette du petit écran Chuck Hughes sait charmer ses convives dans son restaurant où tout est permis ou presque. Tant le décor que les plats sont aussi extravagants que le maître à penser des lieux. Rien cependant n'est laissé au hasard, et Chuck sait également doser ses ambitions culinaires.

Il bénéficie d'une foule d'admiratrices et un peu aussi d'admirateurs jaloux qui parfois sont déçus de l'absence de leur chouchou. Peu importe, les ordres sont bien donnés et surtout bien communiqués aux fidèles soldats.

On y va...

pour être vu et être branché, et pour naviguer sur son téléphone intelligent tout en s'amusant.

Les menus affichés sur de grands tableaux noirs sont changeants et permettent aux habitués, car il en existe, de savourer cette cuisine éclectique en saveurs. La poutine au homard a certes ses adeptes, mais varie en constance et en qualité. Il n'empêche que les plateaux de fruits de mer sont les plus beaux et les plus gigantesques que Montréal puisse offrir. D'ailleurs, tout semble prendre une proportion *extra large* ici, sauf les lieux qui demeurent à l'image du Vieux-Montréal, soit étroits. Belle carte des vins et un service qui varie selon les soirs et les humeurs. Hélas, et c'est bien trop dommage, la musique est parfois bruyante.

$ 50 à 55	*Ouvert le soir du mardi au dimanche*	*Excellent choix de bières locales*

Hôtel Herman *

5171 boulevard Saint-Laurent, Montréal, 514-278-7000,
www.hotelherman.com

Non, vous ne venez pas ici dans un hôtel! L'Hôtel Herman est bel et bien un restaurant, très audacieux même, branché et moderne, presque froid en entrant, mais qui se réchauffe très vite dès l'arrivée des premiers convives. Bois, briques et plafond gaufré composent le décor, et les tables sont bien mises pour accueillir un menu d'une vingtaine de plats qui changent au rythme des arrivages.

L'équipe est jeune et dynamique, tant au niveau du service que de la cuisine. Elle ose ce que certains trouvent irrationnel, comme le fait de servir du tartare de cheval, par exemple. C'est d'ailleurs selon moi le meilleur tartare qui soit en ville, même si j'aime les chevaux pour en avoir moi-même.

On y va ...
pour le tartare de cheval et le reste, mais aussi pour le magnifique choix de vins proposés.

L'Hôtel Herman a cette délicatesse de nous surprendre avec des topinambours et du vrai et fameux boudin maison, mais aussi avec des produits saisonniers comme ces couteaux de mer que j'ai tant appréciés. Je m'attarde aussi sur la carte des vins, bien faite avec des choix comme le vin d'Alsace Katz'en Bulles, une pure merveille, ou le Jurançon La Virada, tout aussi beau.

Même si les fraises servies sont bonnes, il y a trop peu de choix au niveau des desserts. Oui, il demeure encore de petits ajustements à faire pour avoir deux toques, mais on s'en rapproche à grande vitesse.

$ 40 à 60

Ouvert le soir du mercredi au lundi

Joe Beef 🍺

2501 rue Notre Dame Ouest, Montréal, 514-313-6049, www.joebeef.ca

Le quartier Griffintown est en pleine mutation. Les restaurants y poussent comme des champignons. Joe Beef et ses petits frères, le Liverpool et le Vin Papillon, sont incontestablement des endroits branchés à succès. Tant pour le minimalisme éclectique des lieux (du vieux dans du neuf) que pour les personnages qui y cuisinent, on aime ou on déteste. Il faut l'avouer, ce n'est pas parce que j'aime un endroit que vous devez l'aimer.

Le nom de l'établissement fait référence à un héros de la classe ouvrière du XIXe siècle, Charles *Joe Beef* McKiernan, ainsi qu'aux bouchers qui résidaient proche du marché Atwater à l'époque. Il semble bien que le Joe Beef soit nostalgique de cette époque.

On y va...

pour l'ambiance, les personnages et une nourriture abondante dans l'air du temps.

On retrouve une grande constance dans les plats servis depuis l'ouverture, notamment d'incomparables plateaux de fruits de mer, des viandes mûries à point, des croquettes d'anguille, des ailes de poulet, des pâtes au homard et un très bon gâteau forêt-noire au dessert.

Tant dans le décor qu'avec la bière Joe Beef, tout ici est aventure, même parfois l'attente au bar qui peut s'éterniser. Ce n'est pas donné, même que certains trouvent cela cher, mais peu importe, c'est toujours plein.

$ 55 à 70 | *Ouvert le soir du mardi au samedi* | *Bonnes bières et carte des vins intéressante*

Kitchen Galerie/Kitchen Galerie Poisson

Kitchen Galerie : 60 rue Jean-Talon Est, Montréal, 514-315-8994;
Kitchen Galerie Poisson : 399 rue Notre-Dame Ouest, Montréal,
514-439-6886; www.kitchengalerie.com

Les propriétaires ont désormais deux restaurants que l'on peut qualifier de bistros. Le premier est situé rue Jean-Talon, tandis que le deuxième, plus axé sur le poisson, a pignon sur rue dans le Vieux-Montréal, rue Notre-Dame.

Ces temps-ci, Mathieu Cloutier passe beaucoup de temps à la télé, dans les médias et aux autres hobbys qu'il aime développer côté relations publiques. Mais lui et ses associés proposent toujours une formule gagnante qui ne laisse personne indifférent. Au Kitchen Galerie, le menu propose généralement deux viandes, deux poissons et un choix végétarien. Le plat signature ici demeure la côte de bœuf pour deux personnes avec truffes et foie gras. Au Kitchen Galerie Poisson, le menu affiche notamment des huîtres, une superbe chaudrée de palourdes au bacon et un *crab cake* et sa salade de chorizo. Dans les deux cas, on retrouve du foie gras selon différentes préparations qui mettent un peu dans l'ombre le reste de la carte du restaurant de poisson.

On y va ...

pour un repas sympa et sans prétention et pour manger du foie gras bien apprêté.

Dans les deux établissements, la place est restreinte et les propriétaires mettent tous les efforts pour utiliser des produits de qualité. Tables brut de bois, vins au verre et tableau noir, le tout dans un environnement sans prétention mais néanmoins des plus agréables. Le pain est bon et le service amical.

$ 35 à 45

Kitchen Galerie : ouvert le soir du mardi au samedi

Kitchen Galerie Poisson : ouvert midi et soir du mardi au samedi

Laurie Raphaël Montréal ♟♟½

Hôtel Le Germain, 2050 rue Mansfield, Montréal, 514-985-6072,
www.laurieraphael.com

Très connu à Québec grâce au restaurant qui porte le même nom et à la télé grâce à l'émission de Radio-Canada *Les Chefs!*, Daniel Vézina propose aussi le Laurie Raphaël version montréalaise, installé dans l'Hôtel Le Germain. Son ambiance est urbaine, très urbaine même avec une musique spécifique au bar qui dépasse souvent les décibels d'un restaurant gastronomique. La clientèle d'habitués qui s'y retrouve semble toutefois être ravie de cela. Le décor est rehaussé par des mobiles de céramique qui s'illuminent avec les jeux de lumière, et les tables bien dressées et nappées de coton amènent délibérément un certain confort.

La cuisine des chefs et du mentor Vézina varie autant avec les arrivages qu'avec ses fournisseurs, comme Monsieur Daignault, qui livre toujours avec grand bonheur ses légumes racines et autres surprises. Le menu est également revisité selon le goût du moment et les produits découverts au fil des voyages que fait la famille Vézina. Le tout forme une cuisine créative et intéressante qui a su s'ajuster et demeurer constante depuis quelques années.

On y va...
pour voir si Daniel est présent dans sa cuisine (ce qui n'est, hélas, pas toujours le cas)!

On dispose d'un très joli bar pour prendre un verre de champagne et même manger. Une très belle carte des vins est offerte aux consommateurs, mais attention, les prix peuvent aussi s'avérer à la hauteur de la réputation du restaurant.

$ 70 à 80 | *Ouvert tous les soirs et le midi du lundi au vendredi* | *Magnifique carte des vins dont une grande partie de vins d'importation privée*

Lawrence 🍴🍴

5201 boulevard Saint-Laurent, Montréal, 514-503-1070,
www.lawrencerestaurant.com

Ce petit resto qui ne paye pas de mine vu de l'extérieur était un de mes coups de cœur en 2012. Il n'offre plus cette fougue du début, qui était peut-être la clé de son succès. Des tables de bois brut recyclées, un éclairage qui semble sortir des années 1950, de beaux verres et des serviettes de tissu créent une ambiance agréable. Malheureusement, on se sait plus qui mène dans cet établissement au niveau du service qui a laissé à quelques reprises un goût amer.

Quel dommage, car ce petit resto du boulevard Saint-Laurent propose quand même une cuisine originale qui n'hésite pas à mettre de l'avant la langue de bœuf et d'autres produits moins nobles que l'on ne retrouve que dans ce genre d'établissement où le chef est le patron. Le menu change le midi et le soir et s'attarde à valoriser les produits frais et régionaux avec beaucoup de créativité, de goût et de justesse dans les cuissons.

On y va ...
avant tout pour l'ori-
ginalité de la cuisine,
et le très bon rapport
qualité/prix.

Le midi, le restaurant est occupé dès 11h30 par des habitués qui y ont trouvé leurs petites habitudes et qui commandent souvent sans consulter le menu. Le pain est bon et toujours frais. Évitez la table du fond près des toilettes, car le passage y est fréquent.

Bon choix de bières et de vins proposés et offerts au prix du marché. À quelques encablures de là sur le boulevard Saint-Laurent, il faut absolument découvrir la Boucherie Lawrence, qui propose, en plus de viandes d'exception, des charcuteries maison et des préparations hors du commun.

$ 35 à 45

Ouvert le midi du
mercredi au vendredi,
le soir du mercredi au
samedi et pour le brunch
samedi et dimanche

Le Montréalais

*Fairmont Le Reine Elizabeth, 900 boulevard René-Lévesque Ouest,
Montréal, 514-954-2261, www.fairmont.com*

Il fut une époque où sortir au Reine Elizabeth était un événement. L'hôtel du centre-ville de Montréal est désormais propriété du groupe Fairmont, et a su conserver sa notoriété et son intérêt. Le Montréalais est un restaurant actuel qui répond en premier lieu aux clients de l'hôtel, mais qui accueille aussi fort bien les gens d'affaires le matin et le midi pour le lunch, tout comme les habitués qui viennent souvent y bruncher en famille le dimanche.

Dans ce restaurant installé sur deux niveaux, on trouve un bar et un salon qui permet de recevoir des groupes. La cuisine est bonne, sans prétention autre que celle de vous nourrir, et offre des tables d'hôte qui répondent aux saisons. Le service parfois très syndiqué est à l'image de l'établissement et sorti tout droit d'une autre époque.

On y va...

parce que c'est pratique pour les gens d'affaires du centre-ville.

Ne vous attendez pas à la lune et vous ne serez pas déçu. Mais on se demande ce qu'il adviendra du Montréalais depuis le départ récent du grand manitou Michel Busch, qui a su se battre contre vents et marées pour conserver une restauration digne de ce nom.

Par contre, le brunch du dimanche est parmi les meilleurs de Montréal (réservations requises), même s'il n'est pas donné. Que voulez-vous, vous êtes au «Reine», comme disent les intimes qui fréquentent assidûment les lieux.

$ 45 à 60	Ouvert tous les jours pour les trois repas	Belle carte des vins, servis au verre ou à la bouteille

Pastaga 🍺

6389 boulevard Saint-Laurent, Montréal, 438-381-6389, www.pastaga.ca

C'est l'ancien restaurant de Giovanni Apollo qui est devenu le Pastaga depuis la venue de Martin Juneau et Louis-Philippe Breton. Rien n'a vraiment changé depuis l'époque d'Apollo : le rideau de billes qui sépare la salle est là, tout comme les tables de bois et le décor assez épuré avec son grand écran et sa cuisine à aire ouverte. Dans un tel ensemble, l'ambiance est souvent animée, pour ne pas dire bruyante.

Côté cuisine, on a par contre carrément changé de style et c'est tant mieux. La formule est décontractée et rappelle plus un bar à vins de qualité qu'un simple resto avec sa sélection de vins naturels proposés en grand nombre pour accompagner des plats qui n'ont rien à voir avec une cantine de *fast food*.

> ## On y va ...
> *pour le concept urbain branché, mais avant tout pour la cuisine de Juneau, créative et toujours changeante.*

La cuisine est fraîche, pleine de saveurs et sans vraiment de surprises quand on a connu la Montée de lait, où officiait auparavant Martin Juneau. Les plats à retenir sont la tarte au boudin et le porcelet croustillant. Gardez-vous de la place pour les magnifiques desserts qui méritent à eux seuls le détour. Par ailleurs, le pastis (ou *pastaga* comme on dit dans le sud-est de la France) est présent sur les tables et devient indispensable dès que la chaleur nous titille. Il ne manque que la piste de pétanque pour s'imaginer le Sud !

$ 35 à 50 | *Ouvert le soir du mardi au samedi*

Le Pois Penché

1230 boulevard De Maisonneuve Ouest, Montréal, 514-667-5050,
www.lepoispenche.com

En fait, je ne sais pas où pencher, car ce chic bistro du centre-ville, qui offre un magnifique comptoir pour les huîtres et les fruits de mer et qui possède une superbe terrasse et de magnifiques fresques à l'intérieur, présente toutefois une cuisine qui se cherche.

Une journée, on peut tout simplement crier de joie en consommant le plat du jour et, le lendemain, faire un bof devant un repas bien ordinaire. Selon moi, on appelle cela l'inconstance.

La carte est vaste, trop vaste, comme les heures d'ouverture qui me font penser à celles du Pied de Cochon des Halles de Paris. Le cassoulet sans les haricots tarbais est correct, tout comme l'onglet et la bavette. Les frites sont faites «maison», mais il manque ce petit quelque chose qui fait que la Brasserie Lipp est si unique et le Café de Flore si recherché.

On y va...

surtout pour le décor, pour la terrasse durant les beaux jours, et pour voir et être vu.

En fait, il suffirait de volonté à la direction et de la venue d'un bon chef à qui on laisserait les coudées franches pour qu'il puisse à sa guise cuisiner. Rien n'est vraiment mauvais, mais rien non plus n'est exceptionnel, mis à part le décor très parisien. Après de mauvais jours passés, l'endroit semble par contre revivre avec de nouvelles intentions de mieux nourrir ses clients. Je dois l'avouer, lors d'une récente visite, le repas était totalement réussi.

$ 40 à 50 | *Ouvert midi et soir tous les jours* | *Large choix de vins tant au verre qu'à la bouteille, terrasse*

Pyrus Bistro 🍷 ½

1481 avenue Laurier Est, Montréal, 514-590-0777, http://pyrusbistro.com

Je ne suis pas végétarien, mais j'adore les légumes au point d'en être maniaque (surtout s'ils proviennent de mon jardin) et j'aime toutes les légumineuses, la semoule, le riz, etc., mais je n'en suis pas amoureux dans l'âme, car j'aime aussi tellement un bon morceau de viande mûrie pendant 30 jours et grillée à point.

C'est pourquoi j'aime ce bistro très convivial qui s'intéresse autant aux végétariens qu'aux mangeurs de viande et de poisson. Ici, on utilise par exemple, dans la sauce bolognaise, un cou de cerf de Boileau. C'est original, c'est génial et c'est bon.

On y va...
pour l'harmonie de l'ensemble et la simplicité de l'accueil.

Renaud Poirier a compris tout cela. Il mise sur une clientèle prête à vivre des expériences uniques, comme celle qu'offre son menu du temps des sucres.

Côté décor, c'est chic, chaleureux, *cosy*, jamais prétentieux ni de mauvais goût, et en plus la musique est bien choisie, tout comme les beaux verres sur la table.

Dans un revirement totalement bénéfique vers une cuisine de passion qui change au fil des humeurs, du temps et des saisons, on est passé du Bistronomique d'avant au vrai bistro de quartier comme on les aime.

$ 45 à 55	*Ouvert le soir du mardi au dimanche, et pour le brunch samedi et dimanche*	*Bon choix de vins et un brunch superbe servi les fins de semaine*

Quai No 4

2800 rue Masson, Montréal, 514-507-0516, www.quaino4.ca

Ce sont souvent des endroits comme celui-là que l'on garde secrets au cas où les foules s'y rassembleraient. Peu importe, c'est sûrement ce qui va se passer dans cette petite brasserie de quartier attachante qui propose une formule bières, vins et cocktails avec un grand choix axé sur les produits de micro-brasseries. Le bois est omniprésent dans le décor et amène une certaine chaleur, tout comme ces tables gravées à l'effigie de la maison, ces photos en noir et blanc, ce grand bar installé dans la longueur de la salle. La musique parfois forte, voire bruyante, peut déranger des gens comme moi, mais n'atteint pas les fanatiques d'Arcade Fire qui semblent au contraire aimer les décibels.

En cuisine, on met de l'avant de bons producteurs québécois comme Le Lapin de Stanstead, l'entreprise Lirode, qui se spécialise dans les champignons sauvages, ou encore le charcutier des Îles de la Madeleine Les Cochons tout ronds ou Les Viandes Biologiques de Charlevoix. La nourriture est bonne sans être gastronomique, et le menu affiche par exemple des popcorn de ris de veau, de la bavette de bison, du steak tartare ou des cuisses de lapin braisées.

On y va...
pour l'ambiance sympathique et un rendez-vous d'amis.

$ 28 à 35

Ouvert tous les jours de 15h à 3h

Très belle carte de vins proposés au verre ou à la bouteille

Le Quartier Général

1251 rue Gilford, Montréal, 514-658-1839, www.lequartiergeneral.ca

Après m'être cassé les dents à plusieurs reprises dans de mauvais restaurants où mes amis souhaitaient m'inviter en me promettant qu'ils allaient me faire goûter à leurs meilleures bouteilles de vin, je ne suis pas devenu un adepte des établissements où il est possible d'apporter son vin, car trop peu proposent une cuisine qui vaille réellement le détour. Il me faut avouer qu'au Quartier Général, cela est bien différent.

On y sert l'excellent porc de la ferme Gaspor, le lapin de Stanstead, des calmars grillés et une foule de petits plats qui savent aller nous chercher. J'ai beaucoup aimé les escargots au jambon de Bayonne juste bien dosés en sel et les raviolis au crabe des neiges qui, il est vrai, avec une bonne bouteille de vin rendent la soirée très agréable et vraiment pas chère. La croustade aux pommes façon revisitée mérite à elle seule le détour.

On y va ...
pour y consommer des produits d'ici en toute simplicité, et l'on apporte son vin.

L'espace est vivant, actuel et branché, avec ses habitués du Plateau. La musique, souvent forte, ne semble pas déplaire aux amateurs des lieux. Le service demeure avenant, mais peut s'avérer parfois laborieux.

$ 35 à 40	Ouvert le soir du mardi au samedi	On peut apporter son vin

Renard artisan bistro

330 avenue du Mont-Royal Est, Montréal, 514-508-2728,
http://renardbistro.ca

Dans cet endroit, personne ne se prend pour une star de la cuisine. Le chef Jason Nelsons est un amoureux de la terre, de ses artisans et des produits qu'il utilise pour donner un sens à sa cuisine. Le décor s'affiche comme le chef en toute simplicité, avec ses tables de bois et son grand tableau noir sur le mur qui indique les plats à choisir.

On offre ici un plateau de charcuteries maison uniques (jambon d'échine, boudin de porcelet maison) et des créations tout aussi originales comme ce savoureux lapin braisé aux palourdes, qui me laisse le souvenir d'un plat de grande cuisine.

On y va...

pour mieux y revenir, car c'est vraiment bon!

Bref, n'y allez pas pour le décor riche, blanc et minimaliste des designers habituels. Allez plutôt dans ce bistro si vous aimez la vraie cuisine maison, celle qui est faite avec les meilleurs produits issus du Québec, celle qui titille les sens et vous procurera de véritables plaisirs.

$ 30 à 45

Ouvert le soir du mardi au samedi

Très bon choix de vins et de bières locales

Restaurant Gus 🍴

38 rue Beaubien Est, Montréal, 514-722-2175, www.restaurantgus.com

Prenez un peu de persil, ajoutez une touche d'audace et de simplicité volontaire, puis devenez fou comme le nom du feu restaurant Jolifou où le chef David Ferguson a officié durant de nombreuses années.

Dans son nouveau Restaurant Gus, c'est tout petit, presque intime et comme à la maison, avec un décor aussi simple que les plats qui sont servis sans vraiment d'artifices. La cuisine du chef Ferguson est calquée sur ses visites au marché et les produits de ses petits fournisseurs qui l'ont suivi dans la rue Beaubien. Le chef a même récupéré son grand bol de bois dans lequel il assaisonne sa « vraie » salade César (et maudit qu'elle est bonne). À découvrir aussi, ses tacos au foie gras, sa bavette et son gâteau au chocolat et au rhum.

On y va ...

avant tout pour la cuisine de David Ferguson et pour le plaisir de se retrouver dans un charmant bistro.

De sa cuisine à aire ouverte, le chef surveille du coin de l'œil les clients qui se laissent aller au bar à consommer une bonne bière belge ou un verre de vin parmi un choix encore restreint.

Avec ses tableaux noirs accrochés aux murs et son style de bistro à la française revisité, nul doute que Gus est dans l'air du temps et répond bien aux attentes des visiteurs.

Réservez votre place au bar pour observer le chef en action.

$ 35 à 45 | *Ouvert en soirée du mardi au samedi*

Restaurant Mile-Ex

6631 rue Jeanne-Mance, Montréal, 514-272-7919,
www.restaurant-mile-ex.com

Il faut le trouver, ce petit resto de quartier bien caché : on gagne son ciel en arrivant sur place. On découvre alors un décor des plus simples, de récupération, mais qui en entrant fait son effet avec ses trois grandes tables de formica jaune et son petit comptoir installé devant la micro-cuisine. Puis arrive le talent du chef, avec sa cuisine vagabonde d'une extrême fraîcheur qui marie les produits du jour aux essences de la Méditerranée comme les herbes, l'huile d'olive, l'ail, les mollusques et les crustacés.

La carte qui s'affiche sur un tableau noir est l'indice du bonheur qui vous attend. Pas de flons-flons, pas de serviettes de tissu, mais sûrement une des meilleures cuisines du moment. Les prix sont dérisoires pour une telle qualité, et les vins sont vendus à des prix très abordables dont bon nombre de restaurants qui abusent devraient s'inspirer.

On y va...
pour l'ambiance et surtout pour la cuisine d'une créativité et d'une fraîcheur exemplaire.

Attention, il y a seulement 20 ou 25 places ici, et pas de réservation. Premier arrivé, premier servi. Il est possible toutefois de réserver l'espace complet pour un groupe ou un party privé.

$ 30 à 35 | *Ouvert les midis du lundi au vendredi et en soirée du mercredi au vendredi* | *Belle petite carte de vins offerts à un excellent prix*

Sinclair

125 rue Saint-Paul Ouest, Montréal, 514-284-3332,
www.restaurantsinclair.com

Remplaçant le défunt S, le Sinclair est le restaurant du chic hôtel-boutique Le Saint-Sulpice, dans le Vieux-Montréal. Le décor urbain et branché comprend un grand bar qui comble les amateurs de cocktails pour les 5 à 8 et assure également le service du vin. De beaux celliers présentent les bouteilles de réserve. C'est un endroit méconnu par une grande partie des habitués des restos du Vieux-Montréal, qui devraient en faire l'essai d'abord le midi alors qu'on propose toujours une table d'hôte des plus intéressantes.

On y va ...
pour le dynamisme de l'équipe et l'excellence de la cuisine de Stelio.

Stelio Perombelon semble s'être stabilisé dans cet endroit qui lui va à ravir. Il officie aux fourneaux avec une équipe de jeunes chefs talentueux. Cela se retrouve bien évidemment dans l'assiette et dans la qualité des produits utilisés, dont une large place est réservée aux produits du Québec. La carte varie d'ailleurs chaque semaine en fonction des arrivages. Pieuvre grillée aux poireaux, lapin braisé au cidre, tout est bon, et l'on y offre aussi du très bon pain et un excellent café. Du grand art vraiment abordable tant le midi que le soir.

$ 35 à 45

Ouvert le lundi pour le petit déjeuner et tous les autres jours de la semaine pour les trois repas de la journée

Belle cave et un des meilleurs brunchs de Montréal

Le St-Urbain

96 rue Fleury Ouest, Montréal, 514-504-7700, www.lesturbain.com

Dans la rue Fleury, une artère gourmande qui se développe en permanence, Le St-Urbain de Marc-André Royal est un véritable petit bijou de restaurant de quartier. Dans un décor épuré, presque trop style «école», un grand tableau noir présente chaque jour les créations du chef et les vins qui, comme dans plusieurs endroits aujourd'hui, sont d'importation privée. Au fond de la salle, on découvre la cuisine à aire ouverte qui laisse apercevoir les chefs en action.

Côté cuisine, le chef fume les poissons certifiés Ocean Wise, la pomme de terre Yukon Gold, les tomates et l'os à moelle. Bref, il semble que la fumée soit très utilisée au St-Urbain. Il utilise aussi les produits de la ferme Lufa et le crabe de Dungeness. Les plats simples et agréables, métissés de saveurs et de goûts, laissent la place aux ingrédients frais auxquels il ajoute néanmoins trop souvent des artifices inutiles. Par contre, et pour le bien de tous, cette cuisine que pratique Marc-André Royal change en fonction des saisons et arrivages.

On y va...

autant pour la cuisine que pour l'ambiance.

Un bon point, on ne retrouve pas ici les mêmes desserts classiques des bistros montréalais. Grâce à la chef pâtissière, on déguste plutôt de belles créations, comme ces beignets au caramel chaud à la fleur de sel.

\$ 45 à 50

Ouvert le midi du mardi au vendredi et le soir du mardi au samedi

Grand choix de vins importés au prix du marché, au verre ou à la bouteille

Toqué!

Coup de cœur

Centre CDP Capital, 900 place Jean-Paul-Riopelle,
Montréal, 514-499-2084, www.restaurant-toque.com

On ne présente plus Normand Laprise et son associée Christine Lamarche du Toqué!. Membre des Relais & Châteaux, ce restaurant fétiche de Montréal est installé dans le quartier des affaires face au Palais des congrès. Le décor moderne est soigné et raffiné et permet d'y apprécier une cuisine bien faite et d'une fraîcheur exemplaire.

Laprise est un précurseur au Québec pour avoir travaillé avec les nombreux petits producteurs qui sont devenus connus grâce à lui (cerf de Boileau, couteaux des Îles de la Madeleine, fromages du Québec, etc.). On parle ici de grande cuisine et, bien sûr, d'une cave qui répond aux attentes avec un grand choix de vins d'importation privée.

On y va...

parce que tous les guides en parlent, mais aussi et surtout pour une grande cuisine.

J'y ai mangé une cuisine remplie de créativité, mais avec toujours une grande justesse dans les cuissons et les préparations. Je conserve encore en mémoire le plaisir que j'ai eu à y déguster du pigeon, des oursins et des couteaux avec une petite salade. La carte des plats varie en fonction des saisons et de l'approvisionnement, et les desserts suivent en qualité.

Le restaurant de Laprise est cher selon certains, mais ce qu'il propose est unique, et comme c'est le cas pour un grand spectacle, c'est un cadeau qu'on ne s'offre pas toujours.

Terrasse ouverte l'été, et bar pour de très belles dégustations de vins choisis lors de soirées spéciales, et parfois même avec les vignerons présents.

$ 75 à 90	*Ouvert le midi du mardi au vendredi et le soir du mardi au samedi*	*Terrasse en été*

Les Trois Petits Bouchons ½

4669 rue Saint-Denis, Montréal, 514-285-4444,
www.lestroispetitsbouchons.com

De l'extérieur, rien n'indique vraiment les découvertes que l'on peut faire à l'intérieur de ce petit bistro installé dans un demi-sous-sol. Tant au niveau des vins qu'au niveau culinaire, l'expérience mérite le détour. Le décor est plutôt sobre et feutré avec ses murs de briques, son long bar de bois où l'on consomme des vins totalement naturels, et ses ardoises sur les murs qui présentent autant les plats du jour que les vins à découvrir.

Toujours passionnée de l'Asie, la chef Audrey Dufresne s'inspire de ses voyages pour composer ses plats. Sa cuisine est basée sur les produits frais qui se mélangent avec délice aux saveurs exotiques pour le plaisir de tous. Elle cuisine minute, mais prépare aussi des plats mijotés comme la joue de veau avec des cuissons sous vide. La musique des plus agréables n'empiète pas sur les discussions et laisse aux convives toute

On y va …
pour le choix des vins et la cuisine créative d'Audrey.

l'attention pour passer une belle soirée. Seul petit point faible : les desserts, qui détonnent un peu sur le reste.

Les Trois Petits Bouchons permettent aussi la dégustation de vins avec les conseils d'un expert qui vous fera passer une excellente soirée.

$ 35 à 45

Ouvert le soir du lundi au samedi

Carte des vins exceptionnelle, demandez les vins au verre

Cuisine française

Alexandre et fils

1454 rue Peel Montréal, 514-288-5105, www.chezalexandre.com

Installé dans la rue Peel depuis de nombreuses années, le restaurant d'Alain Creton, tantôt brasserie, tantôt bistro, tantôt café-terrasse, attire toujours les habitués, mais aussi les curieux de passage.

À l'image des brasseries classiques françaises, s'y retrouve un décor rétro avec miroirs, banquettes, chaises bistro en rotin et de grandes fresques aux murs qui pourraient fort bien nous faire croire que nous sommes à Paris.

La cuisine est celle d'un bistro sans vraiment prétendre à autre chose, bien qu'à l'occasion on reçoive de grands chefs de l'extérieur et que l'on serve aussi de «grands plats». J'aime le tartare bien fait, parmi les meilleurs de Montréal, les os à la moelle et au sel de Guérande, ou encore la «vraie» crème brûlée.

On y va ...

pour le style brasserie et pour regarder passer les gens!

On propose de très bonnes bières à consommer avec ou sans frites, et la brasserie dispose aussi d'une très belle cave avec quelques pièces rares qui témoignent fort bien de la longévité de l'établissement.

$ 40 à 50

Ouvert tous les jours de midi à 2h

La terrasse de la rue Peel est prise d'assaut l'été

Apollo ❦❦

1333 rue University, Montréal, 514-274-0153, www.apolloglobe.com

Tout à la fois chef et homme d'affaires avec ses émissions, ses livres, ses autres restaurants et ses amis triés sur le volet, Giovanni Apollo est en soi tout un personnage. Ayant repris ce presbytère pour y installer son restaurant, il excelle dans la communication et sait être généreux dans sa cuisine comme dans sa vie. Décoré avec goût et raffinement, ce charmant endroit propose de petits salons et une magnifique terrasse en plein centre-ville.

On offre une belle formule bar avec des valeurs sûres comme le tartare, la bavette et le croque-monsieur au bœuf fumé de chez Schwartz, et aussi la formule plus habillée à laquelle il a habitué son ancienne clientèle du boulevard Saint-Laurent, qui consiste à décliner un produit sous plusieurs formes (cru, vapeur, grillé, etc.). On travaille aussi à nous offrir des desserts différents, avec notamment du yuzu, des chocolats de grands crus ou encore de sublimes sorbets.

On y va ...

pour découvrir Apollo le personnage, mais aussi pour l'expérience gustative.

On propose également sur place un service de traiteur et une boutique où vous pourrez d'ailleurs vous procurer les excellents livres de cuisine de Giovanni Apollo. Même si la star de l'endroit est souvent partout à la fois, la cuisine est assurée par une excellente brigade qui vous permettra une évasion dans les saveurs de l'espace Apollo.

$ 50 à 60	*Ouvert midi et soir du lundi au samedi*	*Superbe terrasse en été*

L'Auberge Saint-Gabriel ♨♨½

426 rue St-Gabriel, Montréal, 514-878-3561, www.lesaint-gabriel.com

Dans cette belle demeure où l'histoire semble s'être arrêtée pour y bien manger, on retrouve un mélange éclectique de styles qui conjugue merveilleusement la pierre et une ambiance à mi-chemin entre New York et Montréal. Notez le véritable tourniquet récupéré dans un parc pour enfants, un élément de décor original que les grands adorent aussi.

Les propriétaires ont redonné vie à cette ancienne maison, qui offrait jadis une restauration très conservatrice du patrimoine local et qui soudainement, grâce au chef Éric Gonzalez, propose une cuisine parmi les meilleures de Montréal. Pour consommer une viande finement mûrie, on s'installe au bar, ou confortablement dans la salle à manger près de la rôtissoire en action.

On y va...

pour la cuisine, pour voir Garou, ou encore pour se retrouver à une autre époque!

Variant avec les saisons, la cuisine est simple et permet de conjuguer l'intérêt du produit à la créativité de Gonzalez. À retenir, les grands classiques bien faits comme le tartare, l'épaule d'agneau confite et ses haricots coco (une pure merveille), ou encore le grand plateau de charcuteries plein de saveurs. Essayez aussi le bœuf de l'Ouest mûri à souhait dans le cellier à viandes et parfait pour faire griller avec des os à moelle.

Le service attentionné et professionnel répond aux attentes, et la cave bien garnie supporte avec brio la cuisine avec des crus rares d'importation privée, ou encore un grand choix de côtes-du-Rhône à découvrir au verre ou à la bouteille. Une bonne sélection de bières est également proposée au bar.

$ 55 à 65 | *Ouvert le midi du mardi au vendredi et le soir du mardi au samedi* | *Très belle terrasse l'été*

Le Beaver Club

Fairmont Le Reine Elizabeth, 900 boulevard René-Lévesque Ouest, Montréal, 514-861-3511, www.beaverclub.ca

Le Beaver Club date de 1785 et était initialement un restaurant pour les hommes et les chasseurs en particulier. Cela a quelque peu changé au fil des années, et le restaurant s'est ouvert sur la société. On y retrouve aujourd'hui un décor d'hôtel chic avec ses boiseries et ses tissus, et toujours des signes qui nous rappellent que les trappeurs ne sont pas si loin.

Le Beaver Club a été à une certaine époque l'une des meilleures tables de Montréal, et les chefs s'y sont succédé en laissant chacun leurs empreintes et signatures. Désormais, c'est à Martin Paquet qu'il revient de combler les convives.

On y va ...
si quelqu'un nous y invite.

D'inspiration plutôt française, la cuisine du chef offre néanmoins des formules allégées qui nous font oublier avec bonheur les huit ou neuf services d'antan. Son menu propose un mélange de plats basés sur les grands classiques d'Escoffier et, comme au bon vieux temps, il affiche durant la saison automnale du gibier, des champignons et des soirées à thème qui semblent déjà faire partie du passé.

$ 70 à 80

Ouvert le soir du jeudi au samedi

Très belle carte des vins et alcools de réserve

Beaver Hall ♥♥

1073 côte du Beaver Hall, Montréal, 514-866-1331,
www.beaverhall.ca

Coup de cœur

Voici l'un des plus beaux fleurons de l'équipe Europea, dirigé avec brio par Jérôme Ferrer et ses associés. Un bistro comme on les aime et qui rappelle les «beaux bistros» que l'on retrouve à Paris ou à Lisbonne avec ses boiseries d'origine, ses banquettes et son cheval de bois retraité d'un manège pour enfants. L'endroit est prisé autant par les gens d'affaires le midi que par ceux qui désirent bien manger un soir de semaine.

Côté cuisine, elle s'ajuste aux saisons et aux humeurs des chefs, mais propose dans tous les cas des plats jouissifs et goûteux.

Délicieux pain, bons vins d'importation privée et serviettes de coton même le midi, alors qu'on peut manger pour vraiment pas cher une cuisine de qualité.

On y va...
pour profiter d'un des meilleurs rapports qualité/ prix en ville le midi.

Le restaurant propose pour le soir une formule «tout inclus» exemplaire, avec une demi-bouteille de vin par personne et un choix d'entrées, de plats principaux et de desserts. À goûter, le tartare de bœuf et frites maison, les calmars en croûte de parmesan, le *fish and chips* de morue et le foie de veau sauce aux pommes rôties.

La formule est bonne et fonctionne à merveille. Alors pourquoi changer puisque ici tout le monde est beau, tout le monde est gentil, et en prime tout est bon.

$ 35 à 55 | *Ouvert le midi du lundi au vendredi et le soir du mardi au samedi* | *Vins au verre et à la bouteille, réservations essentielles tant le soir que le midi*

Bistro Chez Roger

2316 rue Beaubien Est, Montréal, 514-593-5400, www.barroger.com

Il existait jadis en ces lieux une taverne. La taverne disparue a laissé place à un bistro plutôt réservé aux carnivores, notamment aux gars qui aiment manger des steaks épais, parler fort et prendre une *'tite* bière (ou deux).

Cet endroit sait charmer autant les habitués du quartier que les touristes qui cherchent du bon bœuf de l'Ouest. Parfois on y croise des artistes qui aiment s'y retrouver après le spectacle ou on tombe sur l'enregistrement d'une émission de Radio-Canada.

On y va ...
avant tout pour manger un gros steak, et aussi pour l'ambiance festive.

Dans un décor sympathique bien que simple qui facilite les contacts, on savoure des côtes levées, des tartares, ou encore de l'épaule de bœuf braisée à la bière noire. Les portions sont copieuses et nécessitent un bon appétit.

En saison, on retrouve des huîtres et des fruits de mer au menu, et bien sûr de bonnes bières de microbrasseries. Voilà un endroit qui gagne à être connu et qui nous prouve que l'omnivore aime bien la viande.

Prix très abordables pour la qualité des plats servis.

$ 30 à 40

Ouvert tous les soirs

Bistro sur la Rivière

2263 rue Larivière, Montréal, 514-524-8108

Je vous avertis, il faut le trouver, cet endroit bien caché dans l'est de Montréal! Ce petit resto de quartier sympathique offre un bon rapport qualité/prix et affiche d'emblée ses couleurs avec sa publicité bien en évidence de la célèbre marque de pastis Ricard. On y trouve une trentaine de places, et un service très familial et aussi simple que la cuisine servie. Jean-Louis Brochu, le propriétaire, est aux fourneaux et discute le bout de gras avec ses clients dans sa cuisine, un véritable mouchoir de poche séparé de la salle par un comptoir.

Dans cet univers gourmand, le temps s'arrête à l'extérieur de la porte. On prend son temps pour bien savourer les classiques du grand tableau noir, comme la soupe à l'oignon et les sandwichs joliment garnis, mais aussi le confit de canard et la bavette sauce au poivre, un plat que les

On y va ...
pour découvrir un bistro de quartier sympa et une nourriture maison!

habitués apprécient particulièrement, tout comme les bonnes frites maison. Au dessert, choisissez le gâteau Reine-Élisabeth, le gâteau aux carottes ou la crème brûlée. Petite carte des vins et bon choix de bières locales. N'oubliez pas de réserver.

Pour ceux qui découvrent le quartier, voilà le charme discret d'un petit bistro comme il en existait jadis un peu partout dans le Grand Montréal.

$ 35 à 45 | *Ouvert midi et soir en semaine et en soirée le samedi* | *Menu à prix avantageux le midi*

Bonaparte ♣♣

443 rue Saint-François-Xavier, Montréal, 514-844-4368,
www.restaurantbonaparte.ca

J'aime cet établissement qui entretient une fidélité culinaire digne des grands établissements. Le Bonaparte a su conserver son style du début et, il faut bien le dire, affiche une certaine rigueur tant en cuisine que dans le service. Son beau décor et ses éclairages discrets font ressortir les vieilles boiseries, le mobilier de style et les tableaux qui ornent les murs.

Les tables dressées avec goût permettent d'apprécier une cuisine française classique, mais très bien faite et sans artifices. On propose, tant le midi que le soir, des tables d'hôte et une carte qui redonne l'envie de découvrir la « grande » cuisine française. On joue les classiques comme le foie de veau ou les ris de veau à la cuisson parfaite. La blanquette de veau est servie au Bonaparte de la bonne façon, comme bien peu savent le faire.

On y va ...

pour la nostalgie de la bonne cuisine française classique bien faite.

Dommage que ce restaurant, peut-être d'une autre époque, n'attire pas une clientèle plus jeune et autre que les clients d'hôtels et les habitués connaisseurs. Le Bonaparte demeure l'une des bonnes tables de Montréal et une valeur sûre pour les gourmets et amateurs de bonne chère. La musique est bien dosée et le service professionnel.

$ 45 à 55 | *Ouvert tous les soirs et le midi du mercredi au vendredi* | *Belle cave avec des vins d'importation privée*

Brasserie Central

4858 rue Sherbrooke Ouest, Montréal, 514-439-0937,
www.brasserie-central.com

À ma première visite, j'avais été déçu, car mes attentes trop hautes étaient basées sur l'excellent restaurant La Porte, dont le chef Thierry Rouyé est aussi propriétaire. On a depuis l'ouverture corrigé le tir et rectifié les petites erreurs du début. Une chose est certaine, tant à La Porte qu'à la Brasserie Central on utilise de bons produits.

Dans ce restaurant tout en longueur et en blanc, de belles photographies de guerriers tapissent les murs. Un comptoir-bar service, qui accueille une magnifique machine rouge Ferrari qui sert à trancher le jambon séché et autres charcuteries, est aussi présent. Malheureusement, le restaurant est bruyant, et il n'est pas rare de participer sans le vouloir à la conversation des voisins et d'entrer dans leur vie.

On y va...
pour le kouign-amann et pour l'amélioration de la cuisine.

Côté cuisine, elle change souvent avec les arrivages et les découvertes au marché. Tant mieux, car cela représente le meilleur de la cuisine du chef. La brandade de morue sur ratatouille avec une tuile de gouda et le homard avec sa purée de pommes de terre sont tellement bons, et pourtant ils ne rappellent en rien la Bretagne, le fief d'origine de la famille Rouyé. Ce côté breton se manifeste plutôt dans ce magnifique kouign-amann bien beurré et si délicieux que j'en voudrais toujours plus encore.

$ 35 à 45

Ouvert le midi du lundi au vendredi, le soir du lundi au samedi et pour le brunch le dimanche

Belle carte des vins, vendus néanmoins un peu cher

Le Café Cherrier

3635 rue Saint-Denis, Montréal, 514-843-4308, www.cafecherrier.ca

Comme la plupart des bistros montréalais, le Café Cherrier est devenu pour plusieurs un lieu de petits déjeuners, de lunchs d'affaires ou d'évasion incontournable en soirée. Avec sa terrasse encerclée de vignes, l'endroit sait nous charmer comme savent le faire les grands cafés du monde auxquels on demeure attachés.

Plus français que ça tu meurs : de grandes ardoises noires, un éclairage qui sait mettre en valeur les boiseries, un bar dont les habitués du tartare ou de la brandade de morue raffolent, mais aussi les photographies de Pierre Dury que l'on aime voir et revoir et qui témoignent des 25 ans de cet établissement qui avoisine le square Saint-Louis.

On y va...

pour déjeuner et pour la terrasse.

Rien de très sophistiqué sur les tables, mais l'essentiel est là pour apprécier la constance qu'assure depuis 1983 le propriétaire Jacques. Ce sont les grands classiques français qui ont fait la réputation des lieux, comme la soupe à l'oignon gratinée, la soupe de poisson et sa rouille (avec des variantes de goût selon les poissons), le boudin noir aux pommes ou la tarte Tatin qu'il faut demander avec une boule de crème glacée à la vanille.

Le service est bon en général, et les brunchs du samedi et du dimanche méritent que l'on s'y intéresse. La carte des vins est correcte, avec de bonnes importations privées, mais offre cependant un choix restreint. À découvrir en coup de cœur, un cahors, le Château Les Rigalets.

$ 30 à 40	*Ouvert matin, midi et soir tous les jours*	*Terrasse*

Carte Blanche  ½

1159 rue Ontario Est, Montréal, 514-313-8019,
www.restaurant-carteblanche.com

André Loiseau est un chef discret, trop selon moi pour faire partie des «chefs-vedettes» de l'heure, mais il affiche avec son épouse une constance de bon restaurateur depuis 2006. Dans son restaurant, petit écrin à bijou, on aime le mélange de contemporain et d'urbain branché qui procure aux lieux une intimité des plus agréables.

La cuisine du chef Loiseau est conventionnelle et d'inspiration française, mais laisse une grande place aux produits locaux. Le foie gras de canard au torchon avec sa gelée d'érable mérite à lui seul le détour, tout comme les ris de veau poêlés au vinaigre de Xérès servis avec de petites olives farcies et croustillants de chorizo. Le midi, le chef propose une table d'hôte des plus accessibles qui fonctionne selon le principe de la cuisine du marché. D'ailleurs, il n'est pas rare de retrouver le chef Loiseau chez le jardinier Jacques Rémillard au marché Jean-Talon, où il se procure des betteraves et de magnifiques petits légumes.

On y va...
pour un souper en amoureux et une bonne cuisine assurée.

Le restaurant propose en plus, dans une belle verrerie, des crus importés et disponibles au verre ou à la bouteille. Des bières locales sont également servies.

Le service est à l'égal de la cuisine, et la «patronne» veille au bon déroulement des choses dans ce petit resto bien sympathique qui allie le bon goût au plaisir des sens.

$ 45 à 55 | *Ouvert midi et soir du mardi au vendredi et en soirée le samedi*

Chez La Mère Michel

1209 rue Guy, Montréal, 514-934-0473, www.chezlameremichel.ca

Madame Delbuguet, alias la Mère Michel, n'a plus rien à prouver. Son restaurant dure et perdure malgré les modes montréalaises. Elle a su conserver le style du début malgré les différents chefs de talents qui sont passés dans sa belle maison. Certes, la cuisine française classique, les belles boiseries d'une demeure ancienne et les superbes fauteuils en tissu contribuent à l'environnement *cosy* et intime. Le vécu des propriétaires, qui participent activement à la vie et au succès de leur établissement, se retrouve aussi dans le décor, avec ses objets fétiches témoins du temps passé.

On y va…
pour l'histoire,
pour les lieux très
classiques et pour
les grands vins que
l'on y conserve.

La cave est exceptionnelle et regorge de trouvailles uniques qui vivent en harmonie dans ces lieux bénis par Bacchus. La cuisine, bien que renouvelée, a su conserver les vedettes gagnantes de cette maison : soufflés, tournedos de chevreuil et filet de bœuf en croûte répondent aux désirs d'une clientèle fidèle qui se transmet la fourchette de génération en génération.

Le service est professionnel et la douce musique jamais trop forte. Et en prime, on profite parfois de la visite du photographe, conteur et écrivain Monsieur Delbuguet, qui sait fort bien raconter Montréal et sa belle époque.

$ 55 à 65 | *Ouvert le soir du mardi au samedi*

Chez Lévêque

1030 avenue Laurier Ouest, Montréal, 514-279-7355,
www.chezleveque.ca

Pierre Lévêque est un personnage qui n'a surtout pas la grosse tête. Que ce soit pour ses huîtres en saison, son gibier ou ses champignons, son bistro demeure une référence pour ses fidèles clients, dont bon nombre au fil du temps sont devenus ses amis.

J'aime cette brasserie-resto typiquement parisienne tant dans le style que dans les plats qui y sont servis. Plancher de bois franc, grandes ardoises, tables et chaises bistro, terrasse prise d'assaut dès l'arrivée des beaux jours, tout est là pour que l'expérience soit belle. La constance de la cuisine est exemplaire, et les grands classiques qui ont fait la réputation du bistro sont toujours présents : gâteau de crabe Tourteau, escargots à la chablisienne, cervelle ou rognons de veau, et une bonne tarte aux pommes maison ou des œufs à la neige au caramel.

On y va...
pour les champignons et le gâteau de crabe Tourteau.

On a su au fil des années régler les détails, et le service coule de source avec professionnalisme et courtoisie. Si la table est simplement dressée, sans artifices inutiles, s'y retrouve l'essentiel, comme du bon pain, des serviettes de tissu et des verres fins pour apprécier une cave bien fournie.

Parfois bruyant en raison de l'achalandage abondant.

$ 40 à 55

Ouvert tous les jours

Vins au verre ou à la bouteille, grand choix de vins d'importation privée, terrasse

La Chronique ♣♣♣

104 avenue Laurier Ouest, Montréal, 514-271-3095,
www.lachronique.qc.ca

Voilà l'un des restaurants dont la cuisine est parmi les plus constantes dans le Grand Montréal. Ses propriétaires n'ont pas la grosse tête, et leur menu propose toujours des surprises des plus agréables. Dans ce lieu chaleureux qui ne manque pas d'ambiance, les clients pourraient se penser dans un café littéraire, avec en plus l'harmonie du beau et de la qualité. Des photos en noir et blanc prises par Marc De Canck, un des chefs-proprios, ornent les murs de la charmante salle à manger, où les tables rapprochées permettent quand même une belle intimité.

On y va ...

pour un repas gastronomique, en tête-à-tête ou d'affaires!

Les chefs revendiquent une cuisine du marché, fraîche, et surtout pleine de vérité. Pour cette raison, on propose à la clientèle des tables d'hôte différentes le midi et le soir. Il est vrai que, pour les habitués de la maison, la carte peut sembler restreinte, mais lorsqu'on cuisine à la minute, servir des plats frais est une garantie professionnelle.

Parmi les plats à découvrir en saison, citons d'abord le gibier et les champignons (et plus particulièrement la truffe noire du Périgord), mais aussi la morue noire, le flétan et, avant de partir, le fondant au chocolat Valrhona.

Le service est de qualité et jamais hautain, et la très belle carte des vins a su s'étoffer au fil des années. À signaler aussi, une belle carte d'eaux en bouteille.

$ 50 à 60	Ouvert le soir du mardi au samedi et le midi du mardi au vendredi	Très grand choix de vins au verre

Europea ♞♞♞

1227 rue de la Montagne, Montréal, 514-398-9229, www.europea.ca

Grand Chef des Relais & Châteaux, Jérôme Ferrer, le chef le plus médiatisé en ville, offre une cuisine du monde avec des accents du sud de la France et des produits du Québec. Et la bande à Ferrer qui assume quand le maître est absent sait aussi fort bien faire les choses. Chaque fois, il se passe quelque chose de nouveau dans ce resto ouvert aux mille découvertes : maintenant, il offre en plus le vin de la famille Ferrer avec la signature du papa.

Dans un décor qui se construit sur trois étages, on peut apprécier une grande table autour de grands vins. Parmi les incontournables de la maison, on retrouve le Cappuccino de homard qui n'a plus de secret, tout comme le poulet de Cornouaille au foin servi en cocotte. J'ai particulièrement apprécié les tagliatelles de calmars servies dans une pierre de lave creusée qui conserve la

On y va...
pour l'expérience gastronomique de l'équipe Ferrer !

chaleur du plat. Les superbes desserts sont produits par le MOF (Meilleur Ouvrier de France) Monsieur Jean-Marc Guillot.

La carte des vins est à l'image de la talentueuse cuisine et ne détonne en aucun cas avec celle-ci. Chaque mois, l'Europea propose en plus une table d'honneur qui permet aux chefs venus de l'extérieur d'exprimer leurs talents.

La vaisselle est de qualité, tout autant que les verres et ustensiles qui s'harmonisent avec chacun des plats. Service professionnel.

$ 60 à 70	Ouvert tous les soirs et le midi du mardi au vendredi	Des cours de cuisine sont donnés sur place et par petits groupes

L'Express

3927 rue Saint-Denis, Montréal, 514-845-5333, www.restaurantexpress.ca

Tout le monde à Montréal connaît L'Express ou presque! Sinon, à vous de découvrir ce bistro urbain et très montréalais dont la constance de la cuisine est exemplaire, et qui sert matin, midi et soir, depuis plus de 30 ans, de bons et loyaux repas dans la rue Saint-Denis.

Le matin, le petit déjeuner vous offre des jus frais, du saumon fumé, de bons croissants et plus encore. La salle toute en longueur ressemble, avec son décor épuré, à un hall de gare avec un peu d'intimité. Dès l'arrivée au comptoir pour savourer l'œuf mayonnaise, le filet de hareng pomme à l'huile ou les rognons à la moutarde, l'ambiance est conviviale et le service décontracté mais toujours attentif.

On y va ...
pour la fidélité, mais aussi pour voir et être vu!

Petits cornichons, baguette croustillante pour accompagner au gré du jour les rillettes de lapin ou de canard, pot-au-feu, os à la moelle, poulet de grain rôti et bonnes frites : certains plats classiques figurent toujours sur le menu après 30 ans et offense serait de les retirer.

Ici, la constance gastronomique rassure et procure rarement des déceptions. Accompagnez votre repas d'un magnifique morgon de Marcel Lapierre et terminez-le avec une sélection de fromages du Québec servis à la bonne température.

$ 30 à 45 | *Ouvert matin, midi et soir tous les jours* | *Très bon choix de vins d'importation privée*

Holder ☕½

407 rue McGill, Montréal, 514-849-0333, www.restaurantholder.com

On va chez Holder comme on va à L'Express. Au fil du temps, cette brasserie-bistro du Vieux-Montréal est devenue un lieu de rencontre aussi bien pour les habitués du midi que pour ceux du soir. De grandes fenêtres qui donnent sur la rue McGill, des plafonds hauts et un bar qui s'anime en soirée les jeudi et vendredi rehaussent un décor que Luc Laporte, l'architecte des restaurateurs, a su une fois de plus mettre en valeur.

Sur les banquettes, du monde, beaucoup de monde, dont certains qui raffolent d'être vus, et d'autres à qui le bruit empêche toute intimité possible. Un grand comptoir au bar permet de s'adonner à la contemplation urbaine en savourant de très bonnes bières ou des vins servis au verre.

On y va ...
pour l'ambiance et pour la bière.

La cuisine est assez constante et soucieuse de qualité. L'onglet, un classique des bistros lyonnais et parisiens, est ici à son meilleur, accompagné de bonnes frites croustillantes. La cuisse de canard, que le chef me confirme être confite sur place, varie en grosseur selon sa provenance ou le canard utilisé. Le service bien organisé et payant pour les serveurs fait en sorte que l'on n'attende guère ces plats du jour, qui changent selon la saison et les arrivages, et qui sont annoncés de vive voix par ces mêmes serveurs. J'ai bien aimé les calmars au parmesan, ou encore le Riopelle servi à la bonne température avant le dessert, juste à point pour me faire apprécier le sucre à la crème maison.

Cette brasserie très populaire est souvent prise d'assaut le midi, et mieux vaut réserver.

$ 35 à 45 | *Ouvert midi et soir tous les jours et pour le brunch samedi et dimanche*

Laloux 🍷½

Coup de cœur

250 avenue des Pins Est, Montréal, 514-287-9127,
www.laloux.com

Ce restaurant a conservé le nom de son fondateur Philippe Laloux, qui se dédie désormais à la chanson et au voyage gastronomique. Bien placé, on se demande bien pourquoi il ne fait pas partie des tendances actuelles. La salle est étroite, mais entourée de larges fenêtres et de hauts plafonds qui permettent son ensoleillement et en font ressortir le jaune des murs. Le cadre est agréable, que ce soit pour un repas d'affaires ou un tête-à-tête. Les tables, toujours bien nappées, reçoivent une verrerie de qualité.

On y va ...

pour un bon repas dans un endroit calme, le midi ou le soir.

Le Laloux propose aujourd'hui une cuisine du jour avec tables d'hôte tant le midi que le soir, et une carte qui permet au chef Jonathan Lapierre-Réhayem de s'exprimer avec son mélange de cuisine classique française et de cuisine moderne qui offre aux consommateurs la chance de découvrir des produits locaux.

On a vu passer au Laloux des stars de la cuisine et de la pâtisserie, ce qui a donné au restaurant ses hauts et ses bas. Malheureusement, cette instabilité tant en cuisine qu'au niveau du service a nui à l'établissement et à sa réputation. Pour combien de temps encore le Laloux demeurera-t-il dans l'inconnu, voire le mystère? Voilà un restaurant qu'il faut encourager pour qu'il regagne cette réputation qu'il a connue il n'y a pas si longtemps.

$ 35 à 45 | *Ouvert le midi du lundi au vendredi et tous les soirs* | *Belle carte des vins, dont une grande partie en importation privée, terrasse*

Leméac Café Bistrot 🍸 ½

1045 avenue Laurier Ouest, Montréal, 514-270-0099,
www.restaurantlemeac.com

Un rendez-vous bon chic bon genre qui rassemble depuis son ouverture en 2001 autant les artistes et les intellectuels de l'édition que le grand public qui a su trouver dans ce charmant bistro une ambiance bon enfant et une cuisine conviviale. Josée di Stasio aime y venir, et les artistes du *showbiz* s'y retrouvent après leur spectacle pour manger un tartare haché au couteau. Pour ma part, j'aime manger au bar et contempler le va-et-vient qui alimente le service.

La salle est agréable et permet, malgré la proximité des tables, une certaine intimité. Le restaurant peut accueillir une centaine de convives à l'intérieur, et l'on aime dès les beaux jours profiter de la terrasse couverte et chauffée pour apprécier le boudin maison, le *short rib* (bout de côte) de bœuf braisé, ou encore le pot-au-feu de

On y va…
pour l'ambiance, et
pour manger simple
et bon.

saumon. J'ai déjà dit que les frites du Leméac étaient parmi les meilleures à Montréal, ce qui aujourd'hui est encore vrai, et il ne faut pas hésiter à goûter au merveilleux saumon fumé élaboré sur place.

Une cave riche en vins d'importation privée regroupe environ 500 bouteilles, dont une grande partie peuvent être vendues au verre. Le personnel est compétent, et les deux propriétaires, soucieux du bien-être de leur clientèle, offrent depuis le début une belle constance dans la qualité.

$ 35 à 55

Ouvert du lundi au vendredi de midi à minuit et samedi et dimanche de 10h à minuit

Brunch servi samedi et dimanche de 10h à 15h, belle terrasse

LuLu bistro

1025-109 rue Lionel-Daunais, Boucherville, 450-449-5885,
www.lulubistro.com

Un bistro comme on les aime, un vrai bistro à vins et à bières qui propose des plats simples comme de bons sandwichs et des burgers, pas moins de 10 bières locales et importées, et surtout, les mardi et mercredi soirs dès 17h, des plats de moules (un choix de 40!) avec frites à volonté.

Ça marche et les clients aiment, reviennent; plus encore, ils adorent. Du coup c'est souvent plein, et il faut s'y prendre de bonne heure pour réserver. Le pain est bon, et le café aussi, tout va très bien, Madame la Marquise.

On y va ...

pour voir le tout Boucherville et pour manger des moules.

Toutefois, ma dernière visite fut plutôt décevante, les moules étant sèches et trop cuites, les prix élevés pour ce type de repas et le service assez distant. En jargon culinaire, on appelle cela un manque de constance.

Le décor avec ses tables de bois est chaleureux et décontracté. La carte des vins demeure simple, avec des prix qui défient toute compétition. On ne trouve rien de transcendant dans la rue Lionel-Daunais à Boucherville, mais ce petit bistro et quelques autres lui donnent de l'intérêt.

$ 35 à 45

Ouvert le midi du mardi au vendredi, et le soir du mardi au samedi

Maison Boulud 🦆🦆

Ritz-Carlton Montréal, 1228 rue Sherbrooke Ouest, Montréal,
514-842-4224, www.ritzmontreal.com

C'est au sein de l'hôtel Ritz-Carlton que Daniel Boulud a ouvert, à l'été 2012, son premier restaurant montréalais. Le décor est urbain, chic et de bon goût : murs de granit et de verre, tables en bois précieux, et un grand foyer qui laisse admirer un bal de flammes semblant danser en harmonie. La magnifique terrasse qui donne sur le célèbre jardin du Ritz et ses tout aussi célèbres canards permet l'évasion au cœur du centre-ville. Même si on n'y retrouve pas le même niveau de cuisine qu'au restaurant Daniel de New York, cet établissement est très fréquenté par les nostalgiques de la grande époque du Ritz-Carlton, notamment par une grande clientèle juive montréalaise qui aime s'y faire voir en bonne compagnie.

On y va...

pour l'expérience culinaire, dans l'espoir de rencontrer Boulud et pour côtoyer les petits canards sur la terrasse du Ritz.

Le menu est, selon les principes Boulud, issu des meilleurs produits et évolue en fonction des saisons et des arrivages. À découvrir et goûter : les pâtes maison, la morue noire, la pieuvre grillée à la perfection et le bœuf américain de grande qualité, fondant et cuit sans faille.

Voilà un raffinement pour le palais rehaussé d'un service de qualité, parfois trop guindé, et d'une carte des vins qui offre un choix considérable d'importations privées et de petites découvertes. Les desserts sont à l'image de la maison, surtout les petites madeleines tièdes servies à la fin du repas.

$ 75 à 90 | *Ouvert matin et soir tous les jours, et le midi du lundi au samedi* | *Terrasse, brunch le dimanche*

Osco!

*InterContinental Montréal, 360 rue Saint-Antoine Ouest, Montréal,
800-361-3600, www.montreal.intercontinental.com*

Trop peu de restaurants d'hôtel démontrent de l'intérêt pour la gastronomie. On trouve généralement plus un service de repas qu'un restaurant digne de ce nom. Avec sa belle et bonne cuisine à consonance méditerranéenne, le restaurant Osco! de l'hôtel InterContinental Montréal est l'un des rares à faire exception.

Huile d'olive, pâtes et légumes, poissons, mollusques et crustacés se retrouvent bien sûr dans l'assiette, mais aussi une cuisine fraîche et délicate offerte sous forme de table d'hôte.

On y va ...

*pour manger
simplement dans le
quartier des affaires.*

Le beau salon privé et la table du chef encore plus privée (La Bastide) offrent un cadre très agréable, *cosy* mais jamais guindé, pour apprécier la cuisine provençale et méditerranéenne de la maison. Le seul problème est le manque de renouveau en cuisine et de mauvaises habitudes que l'Osco! semble copier sur ces nombreux hôtels où le service passe en second plan.

Belle cave et choix de bières locales et importées, et un beau bar à absinthe à découvrir à l'intérieur du même hôtel, Le Sarah B.

$ 40 à 55 | *Ouvert tous les jours matin, midi et soir* | *Brunch le dimanche*

La Porte ❦❦½

3627 boulevard Saint-Laurent, Montréal, 514-282-4996,
www.restaurantlaporte.com

Voilà un restaurant encore méconnu pour bien du monde, et quel dommage! Le chef breton de souche et ancien étoilé Michelin Thierry Rouyé nous prouve ici en famille son talent de grand cuisinier. Ce chef encore timide commence à s'aventurer dans le monde des communications, ce qui devrait lui permettre de sortir de sa cachette du boulevard Saint-Laurent, une artère qui a bien changé depuis quelques années.

Le décor est *cosy* et raffiné dans la salle à manger, qui s'illumine dès la tombée du jour. On y sert une cuisine du marché qui change de façon régulière avec les saisons et les arrivages des petits producteurs chez qui Thierry Rouyé se sert. Une cuisine goûteuse, fine et soignée, avec toujours une touche d'originalité.

On y va... pour la belle cuisine du chef Rouyé et pour un souper d'amoureux.

Chez Rouyé se retrouvent encore et toujours des champignons, du foie gras et du poisson. Un point fort pour ce Breton sérieux, pince-sans-rire même, qui sait vous faire saliver avec ses produits marins et ses cuissons toujours impeccables. Le service est dirigé par son épouse, qui propose aussi une belle carte des vins dont une grande partie en importation privée. Au dessert, il ne faut pas manquer le fameux kouign-amann, riche en beurre mais tellement bon.

$ 50 à 60 | *Ouvert le midi du mardi au vendredi et le soir du mardi au samedi*

La Prunelle

327 avenue Duluth Est, Montréal, 514-849-8403,
www.restaurantlaprunelle.com

En plein cœur du Plateau Mont-Royal et à travers une foule de restaurants, on découvre La Prunelle et sa salle toute en longueur, entourée de grandes baies vitrées qui s'ouvrent dès les beaux jours. Le soir, La Prunelle tamise l'éclairage pour créer un surplus d'intimité. Les tables sont dressées sans artifices, et le menu et les tables d'hôte ne font pas dans l'originalité. La Prunelle reste sur les valeurs sûres qui lui ont donné une certaine notoriété et qui confortent les habitués qui reviennent avec leurs vins préférés.

On y va ...
pour apporter son vin, mais aussi pour une cuisine connue et sans surprises.

Le menu du jour apparaît toujours sur un grand tableau noir que le serveur tente d'expliquer. Plus Français que ça, tu meurs : des escargots, du fromage de chèvre servi chaud, du tartare ou encore du filet mignon. En prime, la crème caramel. Rien n'est jamais mauvais ni mal cuisiné. Sans grand chichis ni de verres très fins au design italien, on est au demeurant bien servi et avec courtoisie. Attention cependant, car sur la carte certains plats sont dotés de pictogrammes signifiants un supplément de 2$ ou 4$.

Voilà un petit restaurant sans prétention qui permet de s'évader dans ce qui ressemble de près à l'origine des bistros français.

$ 30 à 35 | *Ouvert tous les soirs* | *On peut apporter son vin*

Renoir ♟♟

Sofitel Montréal Golden Mile, 1155 rue Sherbrooke Ouest, Montréal,
514-285-9000, www.restaurant-renoir.com

C'est le restaurant du chic hôtel Sofitel de Montréal, où les chefs de talent se succèdent depuis une dizaine d'années. Le chef Olivier Perret vise ici à démontrer la qualité de sa table, mais aussi à poursuivre le travail accompli de ses collègues. Il faut lui donner le crédit de s'intéresser aux artisans de la table et d'aller fréquemment au marché à la recherche de nouvelles saveurs.

L'endroit est chic, élégant et très agréable, et dispose d'une section qui fait office de bar et salon de thé. L'été, une belle terrasse couverte, sur laquelle est installé le jardin d'herbes du célèbre jardinier Jean-Claude Vigor, permet de socialiser tout en appréciant une flûte de champagne. Depuis la venue d'un nouveau directeur en salle à manger, le service s'est grande-ment amélioré et le Renoir offre ce qui se fait de mieux en termes de restauration d'hôtel à Montréal.

On y va ...

pour prendre un verre au bar ou pour un rendez-vous au petit déjeuner, mais surtout pour profiter d'un des rares hôtels qui offrent une si bonne cuisine.

Le menu change avec les arrivages, mais on y découvre toujours des produits issus des Viandes Biologiques de Charlevoix, des jardins de Jacques Rémillard ou encore de la ferme Gaspor. D'excellents desserts sont proposés par la chef Naomi Wahl, qui a fait ses classes avec Olivier Potier, un grand de la pâtisserie.

$ 50 à 65

Ouvert matin, midi et soir tous les jours

Belle carte des vins, brunch le dimanche, terrasse

Restaurant Julien ½

1191 avenue Union, Montréal, 514-871-1581, www.restaurantjulien.com

Il pourrait être autant à Lyon qu'à Paris, ce resto-bistro-brasserie de la rue Union depuis très longtemps couru le midi par les gens d'affaires et les avocats. L'endroit est agréable, surtout l'été sur la terrasse cachée et à l'abri de la ville.

Le Julien et son propriétaire Claude Foussard offrent à leur clientèle un exemple de constance digne de mérite. Le personnel bien rodé et rapide permet facilement de consommer en une heure le midi. La salle se vide aussi vite qu'elle se remplit, surtout passé 14h.

On y va ...

pour la constance, la terrasse et les bonnes frites.

Tant le midi que le soir, on propose des tables d'hôte qui varient en fonction des arrivages et de la saison. Les calmars sont superbes et toujours tendres, le steak tartare et les frites maison bien préparés. Les desserts, simples et jamais trop sucrés, sont fabriqués sur place.

On sert aux convives des vins aussi bien au verre qu'à la bouteille, ou encore des bières des microbrasseries locales à prix compétitifs et sans abus.

$ 40 à 55

Ouvert le midi du lundi au vendredi et le soir du lundi au samedi

Magnifique terrasse en été

Restaurant L'un des Sens

108 avenue Laurier Ouest, Montréal, 514-439-4330, www.lundessens.com

Il est vraiment bien caché, ce petit resto qui marie les cuisines de deux chefs, l'un d'ici et l'autre de Provence. Le tout forme une espèce de magie indescriptible qui surprend au premier abord dans un tel endroit. Le décor est un mélange presque zen de rouge et de noir, avec au fond un bar éclairé subtilement qui contribue à l'ambiance.

Côté cuisine, on semble innover à chacun des services, et les produits locaux se marient en harmonie avec le quinoa, les épices orientales ou encore l'huile parfumée au persil ou au paprika. Les mélanges sont audacieux, mais jamais téméraires ou osés. Prenez, par exemple, la finesse de cette crème de chou-fleur au gingembre, ou encore la complexité d'un plat comme le duo de caille confite et de pintade farcie au foie gras, servi avec une purée de salsifis et une sauce aux pommes, ris de veau et foie gras.

On y va...
pour un souper d'amoureux, mais avant tout pour la table.

Le lire sur la carte en valait la peine, le déguster en valait le déplacement. Une très belle carte des vins comprenant quelques bouteilles uniques, choisies par l'un des associés, complète l'excellence de la cuisine des deux chefs.

Pour finir, on s'imprègne des desserts actuels concoctés avec les produits vedettes et tendances que sont les « chocolats de crus », le caramel au beurre salé et la fève de tonka, et parfois même, c'est cochon, d'un gâteau au fromage servi sur une tarte au sucre avec un coulis de bleuets.

$ 35 à 45 — *Ouvert midi et soir du mercredi au vendredi et en soirée les samedi et dimanche*

Le Tire-Bouchon 🍴 ½

141-K boulevard de Mortagne, Boucherville, 450-449-6112,
www.letirebouchon.ca

Pourtant caché dans un petit centre commercial sans grand intérêt sur le boulevard de Mortagne à Boucherville, Yassine Belouchi garde le cap avec son bistro qui se partage entre une cuisine française et quelques touches de son pays natal qu'est le Maroc. Son chef François, fidèle disciple depuis le début, s'implique dans l'entreprise comme si c'était la sienne. Même le personnel de salle affiche une constance et propose toujours un service de qualité et professionnel.

On y va ...
pour la pastilla et surtout pour la constance de la cuisine.

Le décor est celui d'un bistro moderne, agréable, et la cuisine présente pour les gourmets un intérêt non négligeable. Les tables bien dressées avec nappe et serviettes de coton, fleur de sel et beaux verres, permettent l'intimité. On y vante autant la cuisse de canard confite et le tartare au couteau, servi ici avec de bonnes frites maison, que la pastilla façon mamie Belouchi. À découvrir sur commande, la soupe de poissons, le pot-au-feu d'agneau, et la pastilla à l'érable et aux coings qui mérite à elle seule le détour.

M. Belouchi propose avec son équipe un grand choix de vins au verre, mais aussi des bouteilles issues de l'importation privée à découvrir.

$ 35 à 50 | *Ouvert le midi du lundi au vendredi et le soir du mardi au samedi* | *Terrasse durant la belle saison*

Le Valois

25 place Simon-Valois, Montréal, 514-528-0202, www.levalois.ca

Le quartier en plein développement qu'est HoMa (pour Hochelaga-Maisonneuve) regorge de belles surprises comme ce bistro gourmand qu'est Le Valois. D'ailleurs, son chef Denis Peyrat défend en groupe son quartier après avoir créé Hochelaga en Lumière, un événement annuel qui regroupe une douzaine d'artisans du secteur.

Dans un cadre résolument moderne, on trouve au Valois un grand bar pour déguster en saison des huîtres, ou encore une bonne bière de microbrasserie. La salle, toute en longueur et éclairée par des vitraux de couleurs, sait nous charmer d'emblée, tout comme la magnifique terrasse qui s'installe dès les beaux jours et qui donne un bel aperçu de la place Simon-Valois.

On y va...

pour la belle terrasse, mais aussi pour découvrir un poisson, le maigre!

Le chef témoigne de son savoir-faire et de son expérience acquise en Europe. Le respect des espèces menacées l'amène à proposer des poissons méconnus comme le maigre, ou encore des viandes biologiques de Charlevoix. J'ai particulièrement apprécié le gratin de macaroni au gruyère affiné en grotte, tout comme le croque-monsieur au vieux cheddar et au jambon fumé. Le pain issu de la boulangerie voisine Arhoma est toujours de grande qualité, et les fromages fins du Québec et les desserts sont à la hauteur de la carte. Très bon choix de vins au verre ou à la bouteille, dont 90% de vins d'importation privée, mais aussi de bières du Québec.

$ 35 à 45	*Ouvert matin, midi et soir tous les jours, brunch disponible*	*Brunch vraiment accessible les samedi et dimanche, terrasse*

Van Horne

1268 avenue Van Horne, Montréal, 514-508-0828,
www.vanhornerestaurant.com

Le Van Horne était ma grande découverte de l'année 2012. Je lui avais attribué deux toques, mais il aurait pu selon moi en mériter trois à l'époque. Un an plus tard, je ne pense plus cela, malgré le fait que la cuisine soit impeccable et toujours fraîche. Le chef Éloi Dion est parti et a laissé sa place à John Winter Russell, qui doit maintenant faire ses preuves.

Ce restaurant offre une capacité de 30 places et, comme au Japon, un siège chauffant et autonettoyant dans les toilettes. Plus sérieusement, il présente un décor issu de trouvailles ici et là mais toujours de bon goût, et la cuisine qu'il propose est à l'image des lieux, soit divine.

On y va ...
pour déguster une superbe cuisine en tête-à-tête.

La cuisine du Van Horne évolue au fil des saisons et met l'accent sur les poissons comme la morue et le maquereau, les pétoncles, ou encore le cerf et le veau de lait préparé suivant les humeurs du chef. En fait, il s'agit d'une carte qui peut sembler restreinte, mais qui assure une qualité et un choix conséquent selon les arrivages, y compris pour les desserts. Par contre, si la carte change régulièrement, les habitués retrouvent les plats du début qui les ont fidélisés. Bon choix de vins et un service discret et sans reproches, à l'image de la musique qu'on y diffuse.

$ 45 à 55 | *Ouvert le soir du mardi au samedi*

Vertige

540 avenue Duluth Est, Montréal, 514-842-4443,
www.restaurantvertige.com

On oublie trop souvent Thierry Baron, le chef discret, presque dans l'ombre de son talent, qui officie aux fourneaux de ce restaurant de l'avenue Duluth. Ici, le décor résolument teinté de rouge est chaleureux, parfait pour un dîner en tête-à-tête.

La cuisine du chef Baron est définie par ses soins comme une cuisine de caractère, ce qui est vrai. Tout en étant classique, il ose créer ou réinventer des plats riches en saveurs, comme ses ris de veau, son canard ou ses différents tartares, tous des choix gagnants, tout comme ses joues de cochon braisées à la provençale.

Il faut terminer le repas avec le choix de glaces maison, ou encore la croustade aux pommes avec glace à l'érable.

On y va ...
pour l'ambiance et pour un repas en amoureux.

Le Vertige propose différentes formules tapas ou menus dégustation à prix avantageux, et la carte des vins affiche des crus d'importation privée servis au verre ou à la bouteille. De plus, il offre gracieusement le martini maison.

$ 45 à 55 | *Ouvert le soir du mardi au samedi*

Wellington

Coup de cœur

3629 rue Wellington, Verdun, 514-419-1646,
www.restaurantwellington.com

Je ne sais pas ce qui se passe, car je commence à aimer les restos sympas où l'on peut apporter son vin. Rassurez-vous, pas tous quand même, il y a encore des bistros ou restaurants de ce genre qui sont inintéressants. Pour sa part, le Wellington est plutôt sympathique comme petit restaurant de quartier. Le décor est moderne, presque épuré, avec de belles photographies sur les murs, des chaises bistro, des banquettes, des planchers de bois, des tables joliment dressées avec des verres INAO et de grands tableaux noirs qui permettent de découvrir le menu et les plats qui s'ajoutent chaque jour.

On y va ...
pour tout, et surtout pour la bouffe et l'ambiance.

En fait, on trouve en ces lieux une petite magie indescriptible. Le personnel est avenant et courtois, ce qui ne gâche rien. Côté cuisine, on retrouve les classiques du genre saumon mariné ou calmars, mais aussi des escargots sur tartine, un choix curieux mais bon, voire excellent. Viennent ensuite les plats traditionnels comme le boudin maison, la bavette à l'échalote et les moules-frites, puis, surprise, de superbes desserts.

J'aime vraiment cet endroit qui sait charmer l'âme et le corps. Il donne et procure à Verdun un intérêt supplémentaire et permet d'apprécier cette rue Wellington pleine de petits commerces non dénués d'intérêt.

$ 35 à 45

Ouvert tous les soirs

On peut apporter son vin

Cuisine
québécoise
et curiosités montréalaises

La Binerie Mont-Royal

367 avenue du Mont-Royal Est, Montréal, 514-285-9078

Que voulez-vous, j'aime La Binerie! Plus encore, il m'arrive trois ou quatre fois par année de m'évader tôt le matin pour aller prendre à son comptoir le petit déjeuner complet : œufs, jambon, cretons, pain de ménage plaqué sur le poêle, et bien sûr les fameuses *binnes* de la place.

Il est indispensable pour bien apprécier les lieux de lire *Le Journal de Montréal* en écoutant le patron en bretelles qui commente les nouvelles du jour ou parle avec sa femme qui se trouve en cuisine.

On y va ...

pour se retrouver dans la tradition, pour les souvenirs du Matou et surtout pour les fameuses binnes.

La Binerie, c'est aussi un retour en arrière avec la graisse de rôti, le rôti de porc froid, le pâté au poulet et le pâté chinois. Rien n'a changé : ni l'étroitesse des lieux, ni les tabourets au comptoir, ni les toilettes au bas de l'escalier.

C'est dans ces lieux bénis que Jean Beaudin a tourné le célèbre film tiré du roman *Le Matou* d'Yves Beauchemin. On ne parle pas de grand restaurant, mais bien d'une entité québécoise qu'il nous faut connaître.

$ 20 à 30 | *Ouvert matin, midi et soir du lundi au vendredi, matin et midi les samedi et dimanche*

Café Sardine

Il m'aura fallu m'y prendre à plusieurs reprises avant d'avoir enfin une place au Café Sardine. On parle vraiment de «boîte à sardine» ici, car on y est tassé comme… des sardines. Le décor tout de bois vêtu est chaleureux, simple et convivial, mais ici l'endroit mise beaucoup plus sur l'originalité des plats servis que sur ce décor simple mais néanmoins coquet.

Aaron Langille, anciennement du Club Chasse et Pêche et du Filet, démontre ici qu'il a bien appris de ses maîtres. Le personnel sait fort bien nous décrire le menu à la table, un menu parfois osé, avec par exemple une salade d'orties, des filets de maquereau espagnol, ou encore cet œuf de canne miroir posé sur une salade de cresson – génial.

On y va …
pour l'originalité des lieux et de la cuisine que l'on y sert.

Le midi, le Café Sardine propose de merveilleux sandwichs, et il faut absolument demander le pain aux tomates. Mais mon coup de cœur va vraiment à ces beignes à l'érable qui sont vendus à la pièce avec un thé ou café, un dessert qui pourrait être banal mais qui devient ici un grand plat mettant en évidence ce produit phare du Québec qu'est l'érable.

$ 30 à 40	Ouvert le matin et le midi tous les jours, et jusqu'à 19h en semaine	Bon choix de vins proposés au prix du marché et magnifique choix de cafés d'origine

Café Souvenir

1261 avenue Bernard, Montréal, 514-948-5259, www.cafesouvenir.com

J'aime cet endroit qui permet la connexion de l'ordinateur et qui donne accès au Web gratuitement. Le décor est simple, les tables accolées les unes aux autres, et le bar accueille les habitués qui viennent dès le matin prendre leur petit déjeuner.

Mais ce que j'apprécie le plus, ce sont avant tout les tables d'hôte toujours fraîches, comme ces crevettes aux asperges et tomates servies le midi.

Ici, pas de chichis avec des nappes ou serviettes de coton, mais bien du papier, du bois brut et quelques bons crus à consommer sans prétention. Un vrai petit café de quartier qui sait capter les sens et où l'on retourne sans déception.

On y va ...
pour l'ambiance d'un café de quartier, mais aussi parce que c'est bon.

Le menu propose en outre des petits déjeuners complets, des tapas, des salades et des sandwichs, dont un superbe *club sandwich*.

En bref, voici un petit café bistro pour manger simplement entre copains, sans jamais de mauvaises surprises inattendues.

$ 25 à 35	*Ouvert matin, midi et soir tous les jours*	*Bons cafés et choix de vins au verre*

Le Chasseur

3882 rue Ontario Est, Montréal, 514-419-2141, www.barlechasseur.com

Ça bouge enfin du côté des restos dans la rue Ontario Est. C'est tant mieux, j'aime ça. Après Le Valois et la célèbre boulangerie Arhoma, voici désormais Le Chasseur sachant cuisiner. Un autre restaurant qui ose dans Hochelaga-Maisonneuve, bravo! L'une des deux chefs a été finaliste à l'émission *Les Chefs!* de Radio-Canada, et la maison n'hésite pas à le faire savoir. Plus encore, Le Chasseur s'offre un « mixologue » qui s'amuse à nous offrir des cocktails éclectiques, inusités même.

J'aime vraiment cet endroit, même si parfois la cuisine manque encore de précision. La joue de cochon est remarquable, tout comme la poêlée de champignons au vin jaune, et au dessert, le carré au chocolat Manjari avec son crémeux au miel et son pain d'épices.

On y va ... pour le dépaysement et pour la cuisine originale et goûteuse.

En plus des cocktails, on retrouve ici de très bonnes bières locales et on profite des conseils d'une sommelière de talent convaincue de son art et de sa passion pour les vins naturels.

L'ambiance est feutrée, avec de petites bougies étalées ici et là. Les habitués se retrouvent souvent au bar très tard la fin de semaine, alors qu'un DJ s'éclate en laissant aller les décibels.

Un endroit qui mérite vraiment le déplacement.

$ 35 à 45

Ouvert le soir du mardi au dimanche (cuisine ouverte jusqu'à minuit du jeudi au samedi)

Chez ma grosse truie chérie 🐷

1801 rue Ontario Est, Montréal, 514-522-8784,
www.chezmagrossetruiecherie.com

Avec un nom comme ça, on est certain que c'est cochon! Ici, le décor est éclectique, tout droit sorti du cinéma, mais quand même de bon goût, avec ses grandes tables de bois ayant servi jadis comme piste de bowling et ses éclairages de rue.

À ceux et celles qui pensaient que ce restaurant était de passage, eh bien détrompez-vous, car il est désormais bien implanté avec une constance qui épate. La cuisine n'a pas la prétention d'offrir ce qu'offre un grand restaurant, bien qu'il propose des plats de grande cuisine. Le faisan sauce au Sortilège et la valorisation que font les cuisiniers d'un produit comme le lapin de Stanstead témoignent bien du talent à l'œuvre.

On y va ...
pour l'originalité, les bons vins et la soupe à l'oignon.

On s'installe dans une des salles à vocations différentes ou sur la belle terrasse couverte pour savourer des huîtres servies avec du vinaigre de cidre de glace, des côtes levées braisées ou des plats de cochon mijotés, résultats d'une cuisine affective et rassembleuse qui réchauffe le cœur et le ventre. Les gentils serveurs savent vous vendre et vous faire apprécier l'assiette de charcuterie, le bœuf Angus, les fromages du Québec et la soupe à l'oignon à la bière et au fromage 14 Arpents, sans oublier l'excellent choix de vins vendus au verre ou à la bouteille.

La grosse truie est active et nous garantit que cela ne fait que commencer.

$ 35 à 45	*Ouvert le soir du mardi au samedi*	*Terrasse*

Chez Victoire

1453 avenue du Mont-Royal Est, Montréal, 514-521-6789,
www.chezvictoire.com

Voilà un chouette petit bistro de quartier qui offre différentes formules pour répondre à sa clientèle du Plateau et celle qui provient de partout.

Dans une ambiance très urbaine, moderne et teintée de bon goût avec son éclairage qui se tamise le soir, les clients peuvent s'installer au grand bar-comptoir pour consommer une cuisine sympathique, qui manque encore et parfois de précision, mais qui offre un très bon rapport qualité/prix.

Au menu se retrouvent les crevettes de la rivière au Renard, à décortiquer avec les doigts, nous annonce-t-on, puis la bedaine de cochon et pieuvre grillée, l'os à la moelle, les huîtres et la planche de charcuterie. Les verres marqués à l'effigie de Victoire peuvent recevoir quelques petites merveilles d'importation privée.

On y va ...
pour découvrir
un vrai bistro de
quartier.

Ce bistro qui voue un culte particulier à l'écrivain Michel Tremblay offre aussi une formule « après spectacle » à partir de 22h pour autour de 25$.

Attention, la place est souvent bondée de monde, et vous risquez, comme moi, de repartir bredouille pour aller manger ailleurs. Prenez donc le temps de réserver.

$ 35 à 40

Ouvert tous les soirs

Le Chien Fumant

4710 rue De Lanaudière, Montréal, 514-524-2444, www.lechienfumant.com

Une gang de « trippeux de bouffe » s'allie pour fonder un restaurant où leurs chums et leurs blondes peuvent se retrouver. C'est ainsi qu'est né ce Chien Fumant de la rue De Lanaudière, où les habitués installés au bar ont l'air d'analyser les nouveaux arrivants à chaque ouverture de la porte. *« Bonjour, c'est nous, on arrive pour dîner »*, a-t-on envie de leur dire.

D'emblée, on se sent bien dans cet établissement sans prétention qui affiche sa carte sur un tableau noir. La salle est étroite et permet d'admirer le spectacle des fourneaux en action. Le cochon y trouve son compte, et plusieurs recettes, de la queue de cochon frite au flanc de porc, sont proposées. On consomme aussi du bon jarret de bœuf et des joues de veau ou de bœuf braisées dans ce petit bistro de quartier géré par une bande de copains. Il n'y a rien d'artificiel dans cet endroit où il est possible de rencontrer des gens d'affaires égarés autant que la clientèle décontractée du Plateau Mont-Royal.

On y va ...

pour l'abondance des plats et pour l'ambiance de bistro du Plateau.

Le service est simple et amical, mais toujours professionnel. Les petites tables intimes et la lumière tamisée arrivent à créer une ambiance qui permet une rencontre amoureuse.

$ 35 à 40 | *Ouvert le soir du mardi au dimanche et pour le brunch le dimanche* | *Bon choix de vins d'importation privée*

La Colombe

554 avenue Duluth Est, Montréal, 514-849-8844

Les restaurants de qualité où l'on peut apporter son vin sont assez rares. La Colombe fait partie des exceptions à la règle. La jolie salle du rez-de-chaussée peut recevoir une quarantaine de couverts, alors que l'autre à l'étage est réservée aux groupes. Le décor assez épuré dénote une certaine classe qui complète bien la cuisine plutôt française.

Au fil des années, ce restaurant ne désemplit pas et conserve ses adeptes qui apportent leurs meilleures bouteilles qu'ils n'hésitent pas à consommer ici, puisque la cuisine servie répond fort bien à la qualité d'un grand vin.

Les menus changent régulièrement et s'établissent plus comme des tables d'hôte. Dans l'assiette, une cuisine fraîche bien faite qui met en valeur l'agneau du Québec, le cerf de Boileau et les champignons et autres petits légumes que les producteurs livrent au chef.

On y va ...
pour découvrir un des bons restaurants où l'on peut apporter son vin.

On profite ici d'un service de qualité et de prix raisonnables, d'autant plus que le fait de pouvoir apporter son vin permet de boire quelques bonnes bouteilles sans trop dégarnir son portefeuille.

$ 35 à 45

Ouvert tous les soirs, réservations obligatoires

On peut apporter son vin

Crudessence

2157 rue Mackay, Montréal, 514-664-5188; 105 rue Rachel Ouest, Montréal, 514-510-9299; www.crudessence.com

Même si certains vous diront le contraire, on ne va pas chez Crudessence pour passer une petite soirée romantique les yeux dans les yeux avec son amoureux. Bien que le décor soit joli, c'est surtout la formule comptoir qui est en évidence. Les deux succursales proposent aussi un service traiteur, des cours et une boutique du prêt-à-manger pour emporter.

Détrompez-vous, ce ne sont pas juste les «granos» qui fréquentent ces établissements, mais bien tous ceux qui sont convaincus du bien-fondé du végétarisme et du végétalisme, et qui bien sûr prennent grand soin de leur corps et de l'esprit qui habite ce corps. Surprise, surprise, j'y ai bien mangé, malgré les convictions négatives qui m'habitaient au départ.

On y va ...

pour un choix de vie et de goût, et surtout parce qu'on aime bien manger!

Tout n'est pas cru ici, malgré le fait qu'on retrouve bon nombre de recettes du genre. Crudessence propose plutôt un savant mélange de soupes, de sandwichs, de crêpes, de lasagnes et un grand choix de jus santé (vendus aux alentours de 9,25$ pour 450 ml). Ce n'est pas donné, mais ça coûte moins cher que d'aller à la pharmacie.

Sans gluten, avec des aliments frais, voilà désormais un choix qui s'offre aux puristes et aux accros à leur santé.

$ 25 à 35 | *Ouvert midi et soir tous les jours*

Grinder

1708 rue Notre-Dame Ouest, Montréal, 514-439-1130,
www.restaurantgrinder.ca

Encore tout nouveau, tout chaud, le Grinder ressemble de par ses éclairages à un cabinet médical. Mais la comparaison s'arrête là, car le reste du décor de ce restaurant branché du quartier Griffintown est très éclectique avec son mélange de bois joliment travaillé et de verre, et la brillance de la hotte de cuisine bien apparente qui donne un côté moderne à cet ancien magasin d'antiquaire.

Côté cuisine justement, nous sommes ici dans un *steakhouse*, un endroit de gars où les pièces de viande grillées prédominent, mais où bien sûr les filles et les carpaccios, tartares et cévichés de ce monde se donnent aussi rendez-vous. Le menu affiche un mélange de styles et d'écritures qui semble plaire, mais qui demeure discutable. La qualité en souffre : le décevant tartare de bison avec trop de mayonnaise était fade, tandis que l'onglet servi saignant était parfait.

On y va...

pour voir le choc des générations qui se retrouvent dans cet endroit et qui parfois comme moi se posent une multitude de questions.

Ce genre de restaurant qui veut plaire à tout le monde manque de personnalité au niveau de sa cuisine. C'est exactement ce qui se trouvait sur le Plateau et qui se déplace maintenant dans la nouvelle zone branchée du quartier des antiquaires. Attention, la clientèle passe à la moulinette et cela peut coûter cher, car les garnitures sont en supplément et, à force d'en rajouter, l'addition peut atteindre des sommets, surtout avec une bonne bière ou un vin dont on nous assure haut et fort qu'il fait partie des importations privées de la maison.

$ 60 à 75

Ouvert le midi du lundi au vendredi et le soir du lundi au samedi

Hot Dog Café

6678 boulevard Taschereau, Brossard, 579-720-7666, www.hotdogcafe.ca

Chouette, je peux enfin venir au resto avec mon chien *Cacao*. Il faut se l'avouer, les chiens au Québec ne font pas bon ménage avec tout ce qui touche l'alimentaire. On fait de la discrimination canine et pour cause; on n'aime pas voir toutou au restaurant, qu'il soit petit ou grand comme mon si doux et gentil labrador couleur chocolat. À Brossard, c'est chose faite : il est maintenant possible de venir se restaurer avec le meilleur ami de l'homme.

Au Hot Dog Café, on trouve de tout, même des amis à quatre pattes. D'abord, un super-café sympa avec de grandes affiches attirantes où la clientèle peut déguster des hot-dogs de style européen, des pâtes, des salades et du très bon café. Les chiens, eux, ont droit à leur salon de toilettage, à une grande cour pour s'évader de leur maître, à un hôtel de courte durée et, bien sûr, ont de quoi se nourrir. Et avec des toilettes privées en plus. Comme le dit si bien le propriétaire des lieux, « *ici, c'est le chien le roi* ».

On y va ...
pour être heureux avec son chien.

Une spécialiste du comportement animal s'occupe aussi des animaux un peu turbulents comme le mien. Tout a été bien pensé dans cet espace des plus accueillants qui permet enfin aux maîtres de pouvoir boire un petit verre de vin ou savourer une bonne bière tranquille avec leur chien. Oui, je suis conquis par l'expérience et j'espère bientôt découvrir de nouveaux endroits identiques.

$ 25 à 35 | *Ouvert matin, midi et soir tous les jours*

Les Îles en ville

5335 rue Wellington, Verdun, 514-544-0854, www.lesilesenville.com

Ginette Painchaud, la propriétaire des lieux, nous accueille en entrant dans son petit coin des Îles de la Madeleine à Verdun. Son resto est sympa avec ses tables et ses chaises de bois, et nul doute qu'il s'agit bien des Îles qui sont représentées ici sur les murs. Avec leurs beaux accents, ils font tout, les Painchaud, de l'animation des lieux à la cuisine en passant par le service, et ce sont les meilleurs agents touristiques pour vous vendre la nostalgie des Îles.

Côté mer, euh pardon, côté cuisine, on retrouve buccins, couteaux de mer, hareng fumé, maquereau, homard, crabe en saison et plus encore. Pour ceux qui n'aiment pas la mer et les produits qui en découlent, dommage et tant pis pour eux! Très vite la guitare se fait entendre pendant qu'on déguste les crêpes aux fruits de mer ou le roulé au saumon. Pas de grande cuisine

On y va ...

par nostalgie des Îles, mais aussi pour la musique et les fruits de mer.

gastronomique bien qu'elle puisse l'être pour certains, mais du *fun* assuré, surtout si quelques Madelinots sont de passage.

Cela demeure un endroit éclectique à découvrir qui permet de passer de beaux et bons moments, surtout si l'on s'y retrouve en gang.

$ 30 à 40 | *Ouvert le midi et le soir du mardi au dimanche* | *Bonnes bières des Îles et petite carte des vins bien suffisante pour avoir du plaisir*

Le Jardin Nelson

407 place Jacques-Cartier, Montréal, 514-861-5731, www.jardinnelson.com

Une fois l'été arrivé, on échappe à la bruyante et bondée place Jacques-Cartier pour entrer dans le havre de paix du Jardin Nelson. On s'installe à sa magnifique terrasse couverte pour écouter les chants d'oiseaux et la musique de jazz et pour consommer les pichets de sangria et les crêpes qui ont fait la réputation de l'endroit.

Sans parler de grande gastronomie, on y mange bien, et nous sommes loin des attrape-touristes que l'on retrouve sur cette place et ailleurs dans le Vieux-Montréal.

On y va ...

pour le jazz, la magnifique terrasse et les crêpes.

De nombreuses spécialités sont offertes, comme les sandwichs au rôti de bœuf, les salades-repas ou les pâtes servies en tout temps. Le brunch est très intéressant et demeure en famille une valeur sûre et gagnante.

Bières locales et vins au verre ou à la bouteille sont vendus à prix raisonnables. Les convives sont nombreux à venir se prélasser midi et soir dans cet endroit typique du Vieux-Montréal; les réservations sont donc nécessaires.

$ 30 à 35 | *Ouvert midi et soir en semaine et pour les trois repas de la journée la fin de semaine, de la mi-avril au début septembre* | *Terrasse*

La Mauvaise Réputation

3979 rue Saint-Denis, Montréal, 514-564-3882,
www.lamauvaisereputation.ca

Cette fois, on joue la carte de la restauration rapide branchée. Dans la rue Saint-Denis, La Mauvaise Réputation propose une belle terrasse et un intérieur au décor qui ne semble jamais terminé (banquettes, tables hautes, écran plasma et patati et patata).

Au menu, des poutines, des burgers, quelques salades ou encore des *fish and chips* avec sauce tartare et des sandwichs clubs. Plus surprenant, c'est l'un des seuls restaurants qui offre pour 55$ un vrai champagne de petit producteur.

Si j'ai été déçu lors de ma première visite juste après l'ouverture, lors de mon second passage les petites erreurs ou les petits péchés du début avaient été corrigés et les autres clients semblaient bien heureux d'être là.

On y va ...

pour une petite bouffe rapide et pour prendre une bonne bière de microbrasserie.

Bref, c'est parfait pour une petite faim avant ou après le spectacle, mais c'est encore mieux pour consommer une bonne bière sur la terrasse. Bonne ou mauvaise réputation, telle est la question.

$ 20 à 25

Ouvert midi et soir tous les jours   *Terrasse*

Le Mitoyen 🔪🔪

6552 rue de la Place-Publique, Sainte-Dorothée, Laval, 450-689-2977,
www.restaurantlemitoyen.com

La Rive-Nord de Montréal regorge de restaurants, mais la plupart sont placés sous des bannières de restauration rapide et bien peu peuvent prétendre être du niveau du Mitoyen. Installé depuis 20 ans dans une maison bourgeoise de Sainte-Dorothée, ce restaurant de style classique permet une évasion aussi bien dans son jardin-terrasse l'été que dans ses salles cossues, avec leurs poutres de bois et leurs chaises de style installées proche du feu de foyer.

On y va ...

pour s'évader de Montréal et pour apprécier les lieux et la cuisine.

On se retrouve dans cette ambiance feutrée pour apprécier la cuisine du chef Richard Bastien. On peut ainsi découvrir ses spécialités telles que l'agneau des Cantons-de-l'Est, le porcelet des Laurentides, ou encore, quand la saison arrive, des poêlées de champignons ou les petits fruits de la région, à déguster avec la cuvée Neige, un cidre de glace de la belle maison d'Hemmingford, La Face Cachée de la Pomme.

Le Mitoyen demeure certes dans la tradition des restaurants familiaux, mais pourquoi pas? Les modes changent, mais souvent les valeurs demeurent, surtout quand on parle comme ici d'une constance qui perdure.

$ 40 à 55 | *Ouvert le soir du mardi au dimanche* | *Terrasse*

Moishes

3961 boulevard Saint-Laurent, Montréal, 514-845-3509, www.moishes.ca

C'est l'antre de la bidoche, du bœuf Angus rempli de A et de la pomme de terre Monte-Carlo, et c'est indéniablement le coin des carnivores qui viennent dans ces lieux depuis 1938. On l'appelait alors le Romanian Paradise, et il était considéré comme l'un des meilleurs *steakhouses* au monde. On a revampé les lieux mais gardé le plafond gaufré, amélioré l'éclairage mais continué de napper les tables de blanc, et ajouté un menu plus actuel tout en conservant les grands classiques qui ont fait ici la réputation de Moishes.

Dommage cependant qu'il faille encore payer un supplément pour les accompagnements, à croire que c'est comme cela que l'on s'enrichit. La jeune clientèle ne brille pas toujours par sa présence dans ce classique des classiques montréalais, peut-être justement en raison des prix pratiqués.

On y va…
pour la tradition et pour le beeeeeeef!

Il faut l'avouer, le bœuf de l'Ouest est de grande qualité et il est rare que les amateurs carnivores soient déçus par cette viande mûrie à point, même s'ils demandent malheureusement souvent qu'elle soit servie trop cuite. Le *lobster roll* est magnifique, le flétan parfaitement cuit et les cornichons toujours trop sucrés. Gardez-vous de la place pour le gâteau au fromage qui, comme pas mal de choses chez Moishes, appartient à la tradition et au souvenir.

Carte des vins exceptionnelle primée, grands vins de garde à prix parfois élevés comme les plus hauts sommets.

$ 75 à 90 | *Ouvert tous les soirs*

Au Pied de Cochon 🍴🍴½

536 avenue Duluth Est, Montréal, 514-281-1114,
www.restaurantaupieddecochon.ca

On aime ou on n'aime pas le Pied de Cochon de Martin Picard, mais il faut quand même le faire : avoir osé ouvrir un restaurant à contre-courant de la « santé » et proposer sa fameuse poutine au foie gras, son canard en conserve ou sa langue de bison. En fait, on est ici dans l'antre du cochon et dans l'endroit à Montréal où cet animal est le plus valorisé avec le canard.

Picard est généreux dans les portions : les assiettes de fruits de mer et les desserts sont énormes. À découvrir, les merveilleux acras de morue, à consommer avec une bonne bière, et le très bon choix de vins d'importation privée.

On y va ...

pour l'éclectisme de la carte et pour l'ambiance spéciale qui existe en ces lieux.

L'endroit est toujours bondé, et les tables rapprochées laissent à peine le passage au service. De la salle on aperçoit la cuisine à aire ouverte qui fonctionne à plein régime. Oubliez donc la tranquillité ou les les tête-à-tête amoureux ici.

Martin Picard propose en outre des produits provenant de son érablière (où les places sont réservées un an à l'avance), son huile d'olive d'Espagne, ses magnifiques et très audacieux livres de cuisine et certains articles qu'il affectionne comme les t-shirts à l'effigie de son restaurant.

Le chef Picard a su démontrer qu'il est possible d'allier rusticité et cuisine conviviale. Acclamé par la critique tant au Québec et au Canada qu'aux États-Unis, il est et demeure fidèle à ses convictions. Il faut aller au moins une fois dans son restaurant pour comprendre le phénomène Picard.

$ 60 à 75	*Ouvert le soir du mardi au dimanche*	*Réservations nécessaires*

Restaurant Vallier

425 rue McGill, Montréal, 514-842-2905, www.restaurantvallier.com

Cet endroit BCBG revisité propose un mélange de brasserie, de bistro urbain et de cantine de luxe. Le décor éclectique est des plus agréables avec ses planchers de bois et ses larges fenêtres qui donnent de la lumière sur le très joli bar où il est possible de s'attabler. Ce lieu rassemble une clientèle de tous les âges, dont certains convives semblent définitivement être des habitués.

Certes, on ne parle pas de grande gastronomie, mais bien d'un endroit où il fait bon être pour consommer une nourriture conviviale en bonne compagnie. La cuisine est à l'image des lieux, tout aussi surprenante que goûteuse.

Il est possible ici d'apprécier l'un des meilleurs burgers de la ville, mais j'adore les macaronis au fromage et lardons, le pâté chinois au confit de canard et la rosette de Lyon, qui malheureusement n'est pas la rosette telle qu'on l'achète aux Halles Paul Bocuse.

On y va …
pour y retrouver les bistros d'antan et pour manger un bon plat de macaronis.

On peut aussi s'attabler ici pour déguster une bonne salade-repas et de bons petits vins d'importation privée pour pas cher.

$ 30 à 40 | *Ouvert midi et soir tous les jours et pour le brunch le dimanche* | *Bières de microbrasseries à la pression et vins au verre et à la bouteille, terrasse*

Schwartz's Montreal Hebrew Delicatessen

3895 boulevard Saint-Laurent, Montréal, 514-842-4813,
www.schwartzsdeli.com

Ce *deli* fait partie de mes incontournables à suggérer aux gens en visite à Montréal. C'est l'apologie du cure-dent et la célébration du Cherry Coke, du cornichon, de la moutarde French's et du pain de seigle. Le tout, bien sûr, pour recevoir depuis 1928 les citoyens du monde dans cet endroit exigu aux tables accolées les unes aux autres.

Depuis mes débuts à Montréal, j'ai au moins une ou deux fois par an effectué mon pèlerinage dans cette mythique charcuterie

On y va...

pour l'ambiance
et pour espérer y
retrouver Céline!

hébraïque. Essayez au moins une fois de consommer au comptoir, vous assisterez alors à un *show* digne de ceux de Las Vegas et de Céline. On s'y regroupe côte à côte pour savourer la meilleure viande fumée qui soit, coupée au couteau devant vous. Oubliez la bière et le vin, on déguste sa viande fumée avec des frites et des cornichons sucrés, en buvant un Cherry Coke ou rien.

Même si l'endroit est devenu la propriété du couple Angelil-Dion, il accueille autant les chefs d'État et autres personnalités que Monsieur et Madame Tout-le-Monde. Seule déception, à ma dernière visite annuelle, la propreté des lieux laissait à désirer.

Juste à côté, une boutique de plats à emporter permet d'acheter dinde fumée, viande fumée et autres produits. Un endroit unique qui fait partie du patrimoine culinaire et culturel de Montréal et de la *Main*.

$ 17 à 25	*Ouvert matin, midi et soir tous les jours*	*Argent comptant seulement, aucune réservation*

Taverne Gaspar

87 rue de la Commune Est, Montréal, 514-392-1649,
www.tavernegaspar.com

Les tavernes de Montréal ne sont plus ce qu'elles étaient. Désormais la Taverne Gaspar s'ouvre à tout le monde et spécialement à la gent féminine. Ouverte le soir, les amoureux du 5 à 7 s'y retrouvent dans un cadre chaleureux et bruyant, autour du bar ou dans la salle, pour y découvrir une ambiance festive, mais aussi ensuite pour continuer la soirée et apprécier une «bouffe réconfortante».

Acras de morue, soupe à l'oignon et à l'os à la moelle, un excellent *fish and chips*, un bon macaroni au fromage avec lardons et petits pois (allez donc savoir pourquoi ?)... Rien de très recherché, mais cela plaît et les gens en redemandent.

On y va ...

pour prendre une bière en compagnie de la jolie clientèle qui fréquente la place.

On profite aussi d'un très large choix de cocktails et *slings*, d'une belle sélection de bières locales et importées et d'un choix de vins largement suffisant pour combler tout le monde.

C'est *hot*, comme disent les habitués, qui de semaine en semaine se retrouvent ici en couple ou entre copains pour prendre une *'tite* bière, voire deux.

$ 30 à 45 | *Ouvert matin et soir tous les jours* | *Terrasse*

Wilensky

34 avenue Fairmount Ouest, Montréal, 514-271-0247, www.wilenskys.com

On ne parle pas ici de grande gastronomie, mais plutôt de cantine et de découverte du patrimoine culturel et alimentaire du Grand Montréal. Mais le déplacement en vaut la peine et témoigne de la pertinence toujours actuelle de cet établissement fondé par Moe Wilensky en 1932.

Nous sommes ici dans l'éclectisme total, presque dans un film de Woody Allen à attendre la suite qui ne viendra jamais. Mais quel bonheur qu'un tel spectacle à Montréal.

On y va ...
pour le baloney,
l'insolite, la curio-
sité... et juste pour
le fun!

Vous y attendent des tabourets installés au bord du comptoir de service, un décor poussiéreux inchangé, avec sa bibliothèque où s'empilent quelques vieux livres, mais aussi ce fameux *Wilensky Special*, le sandwich au *baloney* grillé que l'on consomme avec un Coke fabriqué devant vous à la fontaine, ou encore le célèbre hot-dog «steamé».

Cette cantine n'offre pas d'alcool et demeure seulement ouverte en semaine pour le service du midi. Une visite s'impose pour découvrir une entité montréalaise singulière.

 $ 8 à 12

Ouvert le midi en semaine

Cuisine
italienne

Le Caffè Mariani

4450 rue Notre-Dame Ouest, Montréal, 514-504-7458,
www.lecaffemariani.com

Voilà dans la rue Notre-Dame Ouest un petit café-*trattoria* à l'italienne. Un café simple avec son plafond gaufré, ses luminaires qui pendent au-dessus des tables de bois recyclé et son comptoir qui remplit fort bien sa mission de bar service séparant la cuisine de la salle à manger. L'ambiance ici est au beau fixe, tant le midi que pour le brunch de fin de semaine.

Côté cuisine, rien non plus de compliqué. Le menu ressort les recettes de la grand-mère ou de la mère du propriétaire, qui ajoute sa touche personnelle lors de la confection de ses bonnes sauces tomate au basilic. Vous pourrez notamment y savourer un plat de risotto au poulet confit et une superbe salade d'épinards arrosée d'une très bonne vinaigrette aux canneberges séchées, mais aussi un cannelloni d'aubergines avec poivrons rôtis et fromage mozzarelle qui ressemble de près au bonheur sans aucune prétention. Le seul problème ici, c'est que la cuisine n'évolue pas dans ses recettes, et on fait vite le tour du menu lorsqu'on fait partie des habitués.

On y va ...

pour l'ambiance sympathique et sans prétention, mais surtout pour les prix et la qualité de la nourriture servie.

Le service plutôt anglophone mais très bilingue est des plus agréables. Bon choix de vins au verre, qui sont toutefois parfois servis trop chaud. Le café est comme il se doit, sans rien à redire.

$ 25 à 35 | *Ouvert matin et midi tous les jours* | *Accès Internet sans fil offert gratuitement, brunch les week-ends*

Graziella ♟♟♟

116 rue McGill, Montréal, 514-876-0116,
www.restaurantgraziella.ca

Coup
de cœur

Un vrai coup de cœur pour moi que ce restaurant qui s'affiche à Montréal comme un «grand restaurant italien». On y fait preuve d'une fidélité exemplaire dans la qualité et dans l'originalité de ces découvertes que Graziella nous fait constamment partager.

La salle à manger moderne et actuelle, dotée de plafonds hauts, laisse apparaître la cuisine à aire ouverte. Pierre, le mari de Graziella, est toujours attentif au service et découvre des vins d'exception et le plus souvent en importation privée. L'ambiance des plus agréables prend une teinte plus intimiste dès la tombée de la nuit. Au sous-sol, on dispose de salles de réception pour les petits groupes.

On y va ...

pour découvrir un vrai restaurant italien contemporain, avec tout ce que cela comporte.

Au niveau du menu, la talentueuse chef met toujours un point d'honneur à faire ses pâtes, mais de grâce, goûtez à son vrai risotto crémeux, juste *al dente* et largement saupoudré de Reggiano, c'est là que ça se passe. Mais que vous choisissiez l'osso buco, le flétan ou la morue noire, la magie opère toujours avec cette reine des fourneaux et de la grâce.

$ 50 à 60

Ouvert midi et soir du lundi au vendredi et en soirée le samedi

Impasto  ½

Coup de cœur

48 rue Dante, Montréal, 514-508-6508,
http://impastomtl.ca

La *mamma* doit être fière, son fiston vient enfin d'ouvrir son resto conjointement avec le chef et partenaire Mike Forgione, juste en face de la Quincaillerie Dante familiale (voir p. 179). Vedette de la télé, Stefano Faita n'était pas nécessairement destiné à devenir chef, mais le choix ne se pose plus maintenant, il a les pieds dedans. Son nouveau restaurant hérite d'un décor signé Zébulon Perron, qui a associé le marbre au bois et au terrazzo, le tout sous un grand plafond blanc.

On y va...
pour déguster une vraie cuisine de famille italienne.

Le décor est italien et la cuisine des compères aussi. Tout ou presque est fait maison, de la charcuterie aux pâtes en passant par les saucisses maison que l'on sert avec des rapinis poêlés et déglacés au vinaigre de pommes tardives: divin! On demeure dans le traditionnel, avec toujours le bon côté de la cuisine familiale.

Au dessert, cette tarte aux pignons de pin me laisse un souvenir comme celui que j'ai d'une magnifique tarte aux pacanes consommée en Louisiane.

J'aime et je reviendrai, car ici je me sens en Italie, celle des environs du marché Jean-Talon.

$ 35 à 50 | *Ouvert le midi jeudi et vendredi et en soirée du mardi au samedi* | *Superbe choix de vins et de grappas*

Nora Gray

1391 rue Saint-Jacques, Montréal, 514-419-6672, www.noragray.com

Le Nora Gray est un restaurant chic et *cosy*, avec son bar, ses beaux panneaux de bois, sa table bien mise comme chez les familles du sud de l'Italie, et sa lumière tamisée qui permet l'intimité. Chez moi, on appelle cela le charme discret de la bourgeoisie.

J'aime aller en Italie et découvrir dans les villages la cuisine maison qui y est servie, et c'est un peu ce que j'espérais trouver chez Nora Gray. J'ai beaucoup aimé le petit cochon de lait rôti aux châtaignes et les pétoncles aux haricots blancs, même si les pétoncles étaient un tantinet trop cuits. Le choix sur le menu est vraiment complet, avec du lapin, du porc et de l'agneau, mais ce sont les pâtes maison qui demeurent avant tout la spécialité de Nora Gray. Les raviolis sont divins, mais malheureusement cette journée les chitarras étaient trop cuits.

On y va...

pour découvrir une cuisine familiale du sud de l'Italie.

Bons desserts bien faits, et beau choix de vins dont quelques-uns sont uniques à la place. Le service est professionnel, mais s'avère difficile lorsqu'on pose nos questions en français.

J'ai beaucoup hésité à mettre ce petit restaurant familial italien dans mes choix. La raison est simple : le Nora Gray est inconstant tant au niveau du service que de la cuisine.

$ 40 à 60 | *Ouvert le soir du mardi au samedi*

Osteria Venti

372 rue Saint-Paul Ouest, Montréal, 514-284-0445, www.osteriaventi.com

J'aime l'Italie, mais moins les restaurants italiens qui sont en fait de pâles copies et qui n'offrent rien de vraiment italien sauf les noms des pâtes et pizzas. Dans cette *osteria* de la rue Saint-Paul, tout est autrement et fait maison comme leur délicieuse charcuterie. La salle est agréable, mais manque néanmoins d'une touche de féminité. Par contre, tant le midi que le soir, on y retrouve des serviettes de tissu sur les tables rustiques, une belle verrerie pour y recevoir des vins d'importation privée ou pas, et un tableau noir où sont inscrits les plats du jour qui sont également proposés de vive voix.

On y va ...

pour le repas du midi et la cuisine familiale bien faite.

Le midi, il offre une table d'hôte à deux ou trois services, et le soir, une carte plus élaborée avec des spécialités comme les champignons frais, les poissons du jour et la superbe pizza préparée à la minute. On peut s'installer au petit bar ou au comptoir devant la cuisine pour manger. Le service est de qualité, mais devient parfois presque trop relaxe.

On touche de près ici une bonne cuisine familiale qui n'a pas la prétention de nous offrir de la *grande cucina italiana*.

$ 30 à 35

Ouvert le midi du mardi au vendredi et le soir du mardi au samedi

Il Pagliaccio

365 avenue Laurier Ouest, Montréal, 514-276-6999

On trouve une trentaine de places dans ce restaurant plutôt chic d'Outremont où l'on peut déguster une cuisine italienne classique confectionnée avec des ingrédients de qualité comme de la très bonne huile d'olive.

Dans un décor presque fellinien teinté de modernisme et de romantisme vénitien, on peut apprécier la *buratta* et les pâtes fraîches aussi bonnes que celles préparées par la *mamma*, mais aussi le *vitello tonnato* (veau au thon) ou les poissons dont la justesse de cuisson prouve sans aucun doute que le métier est bien présent.

Le service, dans le plus pur style de la grande hôtellerie italienne, est parfois trop sophistiqué pour ne pas dire guindé pour l'époque et les lieux choisis. Dommage, car il suffirait de presque rien, comme dans la chanson, pour que

On y va...
si on aime l'Italie des films, de Rome et des vieux cafés.

l'ensemble soit vraiment un haut lieu à l'image de l'Italie. Peu importe, la nourriture est bonne et fait oublier les écarts de service.

Très belle carte des vins avec des prix qui souvent atteignent des sommets.

$ 55 à 65 | *Ouvert le midi du mardi au vendredi et le soir du mardi au dimanche*

Prato Pizzeria & Café

3891 boulevard Saint-Laurent, Montréal, 514-285-1616

Le quartier du Plateau Mont-Royal regorge de restaurants de toutes sortes. Les gens passent facilement du bistro au restaurant où ils apportent leur vin, et s'y retrouvent quelques restaurants italiens qui vendent des pâtes et de la pizza. Pour ma part, j'aime la pizza quand elle est fine et délicate comme celle du Prato, et encore plus si, fait de plus en plus rare, elle est cuite au four à bois. Ce resto, bien que simple, présente justement un grand four à bois qui laisse deviner les odeurs de pâte cuite et de tomate caramélisée. Un bon chianti, de l'huile d'olive épicée et une pizza de chez Prato peuvent amplement suffire à combler un convive gourmet.

On y va ...
pour ne pas se casser la tête et pour consommer une bonne pizza.

Allez savoir pourquoi, ici les pizzas sont plus ovales que rondes et directement servies sur des plaques de métal posées devant nous. Comme partout ailleurs, on aime jouer la carte de la recette de la *mamma* pour la sauce tomate de base, qui s'étend comme à Naples sur toutes les variétés de pizzas que l'on propose. De la pizza *all dressed* en passant par la pizza végétarienne ou le calzone, le client est rarement déçu.

Bien sûr, on sert ici le classique espresso court, mais il est possible aussi de consommer de bonnes bières locales ou encore un bon petit vin d'Italie sans que l'addition vide votre portefeuille.

$ 20 à 25 | *Ouvert le midi en semaine et le soir du lundi au samedi*

Primi Piatti 🍝 ½

47 rue Green, Saint-Lambert, 450-671-0080, www.primipiatti.ca

Pas toujours facile de trouver un bon resto italien sur la Rive-Sud! En Italie, les premiers plats qui donnent leur nom à ce restaurant de Saint-Lambert sont toujours les pâtes, et ici elles sont apprêtées avec bonheur. Le décor moderne et distingué s'affiche avec goût tant dans les couleurs que dans le style proposé. Les larges lampes suspendues descendent avec leurs tentacules au-dessus des tables bien nappées. On y découvre, en plus des petites salles pour les réceptions privées, un petit bar service et une cave de réserve dans un cellier bien apparent.

D'emblée les serveurs vous proposeront l'apéro. Laissez-vous tenter par un des Campari Soda, car ici ils sont fort bien faits et commencent très bien un repas. Une belle *focaccia* avec une bonne huile d'olive italienne vous mettra aussi en appétit.

On y va...

avant tout pour l'excellente cuisine italienne.

La cuisine est un mélange de classiques italiens avec, au passage, une touche de modernisme emprunté aux cuisines du monde. Outre les pâtes, le veau est ici à son meilleur, tout comme la pieuvre grillée. Les pizzas cuites au four à bois sont aussi excellentes, et demandez que les cuistots vous préparent une polenta coulante, un pur délice. Dommage que les desserts ne soient pas plus originaux que ceux proposés: crème brûlée, moelleux au chocolat, du déjà vu et revu un peu partout. Le service est à l'écoute, et parfois même un peu trop.

$ 40 à 55	Ouvert midi et soir en semaine et en soirée samedi et dimanche	Très belle carte des vins proposés au verre ou à la bouteille

Primo e Secondo 🍴🍴

7023 rue Saint-Dominique, Montréal, 514-908-0838,
www.primoesecondo.ca

Il faut le trouver, ce restaurant qui se cache derrière le marché Jean-Talon. Dans son décor aussi discret, on se permet un repas en tête-à-tête le soir ou d'affaires le midi.

De grandes ardoises disposées sur les murs indiquent les plats du jour. On y retrouve le choix de vins au verre, le plus souvent d'importation privée, ou encore ces grands classiques italiens à prix élevés servis dans de beaux verres Riedel. Certes, on n'est pas dans le grand faste d'un décor à colonnes, ni dans un décor épuré tel qu'on peut en trouver à Milan ou en Toscane.

On y va...
pour la côte de veau
et la bonne cuisine
maison.

La cuisine est le point fort du restaurant, et le point fort de la cuisine est sans aucun doute les risottos. Le risotto aux truffes en saison est merveilleux au point de vous tirer les larmes. L'agneau aux herbes et la très épaisse côte de veau de lait méritent à eux seuls le détour. Laissez-vous aussi tenter par les champignons en saison, car ici, comme dans presque tous les bons restaurants italiens, ils sont bien préparés.

Un petit bar service complète l'aménagement, et la capacité d'accueil se limite à environ 40 couverts. Bons desserts concoctés sur place.

$ 35 à 50 | *Ouvert midi et soir du mardi au vendredi et en soirée le samedi*

Ridi Bar Ristorante

Le Méridien Versailles, 1800 rue Sherbrooke Ouest, Montréal,
514-904-1900, www.ridi.ca

Voici le fief de Peppino Perri, le plus francophile des chefs italiens à Montréal. Dans ce restaurant ouvert en 2011, il s'accorde à servir un hôtel, mais revisite les classiques italiens avec bonheur.

Son restaurant est moderne, chic, mais sans fausse note. On y trouve de belles banquettes dans des espaces privés et un beau grand bar qui tient lieu de bar service, mais où il est aussi possible de s'attabler. L'éclairage bien dosé rend la salle romantique, le tout dans un mélange teinté de rouge, noir et blanc crème.

Depuis toujours Peppino sait nous fait rire, et c'est pour cette raison qu'il a donné ce nom à son restaurant (*ridi* signifie « rire » en italien). Un cellier à la hauteur des attentes répond merveilleusement aux plats qui sont proposés, les spécialités comme les pâtes maison fabriquées sur place, le *vitello tonnato* (veau au thon), ou encore la lasagne du Sapori Pronto, l'ancien restaurant de Perri. Laissez de grâce faire le chef : il va vous épater avec ses poissons ou sa polenta coulante arrosée d'une bonne sauce tomate aux herbes.

> *On y va...*
> *pour un repas intime*
> *le midi ou le soir.*

On aime le grand bar pour savourer un *spumante*, ou encore un des grands vins importés d'Italie dont dispose le restaurant Ridi. Petite terrasse ouverte l'été, salles de réception et réservations à prévoir.

$ 45 à 55 | Ouvert matin, midi et soir tous les jours | Brunch le dimanche, terrasse

Cuisines portugaise et espagnole

Boca Iberica

12 rue Rachel Ouest, Montréal, 514-507-9996, http://bocaiberica.com

L'ancien patron du Vintage s'est installé sur le Plateau Mont-Royal en 2012, dans ce restaurant qui lui ressemble et qui offre aux visiteurs un voyage sensoriel entre l'Espagne et le Portugal.

Voilà un restaurant moderne, teinté de blanc, lambrissé de bois et orné de fresques contemporaines qui ajoutent de la couleur aux lieux. On s'installe au grand bar pour consommer des tapas et des boissons qui séduisent, rassurent et ouvrent l'appétit. Les tapas varient selon les arrivages en direct du Portugal et peuvent s'articuler entre chorizo grillé, foie de lotte au vinaigre de Xérès et calmars farcis, ou encore un crabe frais reconstitué et servi avec un petit verre de bière pour laver la carapace et boire le jus. Commandez à l'avance le mercredi ou jeudi des sardines et demandez à les faire griller au gros sel, ou essayez le petit cochon rôti qui témoigne sans aucun doute du bien-fondé d'une visite en ces lieux.

On y va...

pour l'ambiance et pour faire un voyage au Portugal dans la rue Rachel.

La belle carte des vins oscille entre les bons crus du Portugal, pays d'origine du chef-proprio Manuel Martins, et les vins du monde.

Voilà donc un restaurant qui a récemment pris son envol et qui, l'été, nous offre une charmante terrasse souvent prise d'assaut tant par les habitués que par les touristes qui adorent. Seul bémol, le Boca Iberica manque parfois de constance tant au niveau du service que de la cuisine, surtout quand le patron est absent.

$ 40 à 55 | *Ouvert le midi du lundi au vendredi et le soir du lundi au samedi* | *Terrasse*

Casa Tapas

266 rue Rachel Est, Montréal, 514-848-1063, www.casatapas.com

J'aime la rue Rachel, où se trouvent de bonnes boulangeries, mais aussi de bons petits restaurants comme Casa Tapas. Dans un décor très chaleureux qui mélange contemporain branché et classicisme espagnol, on y déguste les tapas comme on le ferait à Barcelone, dans cette maison qui fut une des premières à introduire les tapas dans la vie gourmande des Montréalais. Depuis, les tapas ont fait des petits et on retrouve ces petites bouchées un peu partout sans pour autant que les restaurants qui les servent soient espagnols ou portugais.

On y va ...

pour les prix, les chouettes petites tapas et les bons vins d'Espagne.

Chez Casa Tapas, j'apprécie la paella, les tapas au chorizo grillé ou au poulet, les aubergines farcies selon la mode provençale, ou encore les moules d'Espagne au safran.

Le cellier bien apparent présente peut-être la meilleure sélection de vins d'Espagne en ville : les finos, xérès et autres pièces uniques résultant de l'importation privée nous permettent de bien savourer chaque plat. ¡Olé!

Les desserts ne rejoignent cependant toujours pas le reste de la carte et font défaut dans plusieurs cas. C'est définitivement le point faible de cette maison.

| **$ 35 à 45** | *Ouvert le soir du mardi au samedi* | *Carte des vins de grande qualité* |

F Bar

1485 rue Jeanne-Mance, Montréal, 514-289-4558, www.fbar.ca

Nous sommes ici dans le Quartier des spectacles avec tout ce qu'il représente. Voisin de son collègue la Brasserie T!, le F Bar est avant tout le chouchou de Carlos Ferreira, le propriétaire du célèbre café qui porte son nom. C'est bien sûr un endroit qui marche bien et qui compte désormais une grande partie de fidèles. Évidemment, les habitués retrouveront ici certaines similitudes avec le restaurant principal de Ferreira, comme le choix des vins, les clins d'œil au Portugal et la cuisine inventive. On a su aussi conserver le style d'un bistro de luxe, mais sans pour autant copier le grand frère de la rue Peel.

Le cadre est agréable bien qu'étroit, mais dès les beaux jours, avec la terrasse qui s'ouvre sur la place des Festivals, on se prend à rêver à l'Algarve ou à la vallée du Douro en dégustant des poissons frais grillés, de bonnes salades, des plats mijotés, des calmars, des plats de porc aux palourdes, ou

On y va...
pour l'ambiance et pour être vu dans ce chic bistro-bar du Quartier des spectacles.

encore des desserts simples mais bien faits. Essayez les vins au verre en vous laissant suggérer par les serveurs ou le proprio des importations souvent exceptionnelles qui rendent un hommage œnologique aux vins portugais.

Comme son voisin le T!, ce bar-bistro demeure au fil du temps une valeur sûre sur la place des Festivals.

$ 50 à 60 | *Ouvert tous les jours midi et soir* | *Terrasse*

Ferreira Café ✹✹✹

1446 rue Peel, Montréal, 514-848-0988, www.ferreiracafe.com

Situé rue Peel, le Ferreira Café demeure un haut lieu gastronomique ainsi qu'un lieu de rencontre des BCBG de Montréal. Malgré les années qui passent, le décor ne vieillit guère avec ses murs garnis d'assiettes cassées, et les couleurs chaudes du Portugal font en sorte qu'on ne se lasse pas de l'endroit.

L'été, les portes s'ouvrent et laissent deviner une micro-terrasse que les gens s'arrachent. J'aime m'asseoir au grand bar le midi ou le soir pour voir passer les gens et discuter avec le personnel. Attention toutefois, l'endroit peut être bruyant et la musique très urbaine.

On y va ...
pour les vins uniques
et pour la qualité du
poisson!

Le patron Carlos offre souvent le petit porto blanc en guise d'amitié. Du magnifique cellier sont tirées des bouteilles de vins d'importation privée et des flacons uniques des portos que Carlos Ferreira a su faire découvrir aux Québécois.

La cuisine est un ici exemple de constance et de fidélité. C'est certainement l'un des meilleurs endroits à Montréal avec Milos où savourer à sa juste cuisson et fraîcheur le poisson du jour. Sardines, *mahi-mahi*, dorades, calmars ou homards, il ne reste que l'embarras du choix. De magnifiques tables d'hôte sont proposées tant le midi que le soir; essayez les classiques portugais que le chef Marino Tavares sait faire revivre avec talent. Pour ma part, j'aime les huiles que Carlos propose, le chorizo grillé et les incontournables *natas* offerts parmi le choix de desserts. Le service est excellent et toujours constant. On aimerait que ce soit ainsi dans tous les restaurants.

$ 60 à 70   *Ouvert tous les soirs et   Terrasse*
le midi en semaine

Restaurants Cuisines portugaise et espagnole

Helena  ½

438 avenue McGill College, Montréal, 514-878-1555,
www.restauranthelena.com

Après le Portus Calle, le restaurant maître d'Helena Loureiro, voici le petit bistro ouvert en 2012 qui porte fièrement son nom. Se retrouve beaucoup de monde dans cette salle joliment décorée, avec son plafond lumineux et ses assiettes peintes à la main. Les tables sont très collées, place oblige, mais laissent suffisamment d'espace pour que les serveurs vous apportent le pain dans les petits sacs de toile brodés aux initiales d'Helena.

La cuisine est calquée sur la tradition des tapas portugaises, mais propose aussi l'éternel *caldo verde*, cette soupe aux choux que l'on consomme en famille, les croquettes de morue qui sont d'ailleurs excellentes, ou encore le flétan un tantinet trop cuit.

> *On y va …*
> *pour l'ambiance et les petits prix du midi, mais aussi pour les croquettes de morue.*

On retrouve aussi, comme dans presque tous les restaurants portugais, les *natas* au dessert et parfois une incursion dans les desserts du Portus Calle comme les magnifiques figues au chocolat.

Le midi ou le soir, le restaurant offre des tables d'hôte et, comme au Portus Calle, un superbe choix de vins qui sont vendus au verre ou à la bouteille. Très bon choix de portos.

$ 35 à 45

Ouvert le midi du lundi au vendredi et le soir du lundi au samedi

Pintxo

256 rue Roy Est, Montréal, 514-844-0222, www.pintxo.ca

J'adore l'Espagne pour la beauté des paysages et le climat, et côté bouffe j'aime y savourer un gaspacho, des gambas et un riz au safran de la Mancha tout en sirotant un rosé bien frappé. Me retrouver au Pintxo à la tombée du jour pour y déguster des tapas avec un verre de fino, c'est aussi pas si mal! Dans ce petit et charmant restaurant de la rue Roy qui s'est largement adapté aux goûts du Québec, les petites salles intimes ne laissent aucun doute sur le goût des propriétaires pour l'Espagne et les petits *pintxos* que l'on y sert.

On y va ...

*pour les tapas et
pour l'ambiance
jeune et conviviale.*

Le repas se décline sous la forme de diverses tapas qui comblent largement les appétits. On sait mettre en valeur le poisson, les champignons et les légumes du Sud dans ces petits plats que l'on propose le midi et le soir. Le chef qui a séjourné au Pays basque s'inspire grandement des spécialités du coin et n'hésite pas non plus à mettre le foie gras et le piment d'Espelette en évidence.

La cuisine est installée entre deux salles et permet d'observer les chefs en action. La petite musique d'ambiance et les très bons vins d'importation privée qu'il est possible de consommer au verre complètent l'expérience de ce voyage au pays de Don Quichotte.

$ 30 à 45 | *Ouvert le midi du mercredi au vendredi et en soirée tous les jours* | *Choix très intéressant de vins d'Espagne d'importation privée*

Portus Calle ♠♠♠

4281 boulevard Saint-Laurent, Montréal, 514-849-2070,
www.portuscalle.ca

Helena Loureiro avait raison d'ouvrir un tel établissement à proximité du quartier portugais. En effet, ses fournisseurs de poissons, de chorizo et de pain portugais se trouvent tous à 3 min de marche de son fameux restaurant. Le Portus Calle offre une ambiance moderne chargée de couleurs ensoleillées, un grand bar à poissons et fruits de mer qui laisse entrevoir la cuisine à aire ouverte et un bar service pour s'attabler ou simplement déguster un grand porto ou l'un des vins qu'Helena et son équipe importent directement du Douro. Au nombre de repas que j'ai consommés chez Helena, je n'ai jamais été déçu et, chaque fois, l'expérience est unique.

Le restaurant, ouvert le midi, change d'atmosphère le soir pour permettre le romantisme et la découverte du Portugal par sa gastronomie. J'aime le porc aux palourdes, la pieuvre grillée, les tapas de chorizo grillé et de croquettes de morue, les fromages de brebis et les figues au chocolat à savourer avec un petit porto. Le tout sur des airs de la musique du Portugal, de Bïa ou encore, lorsque la soirée avance, des airs nouveaux de fado.

> *On y va...*
> en amoureux avant
> tout pour la cuisine
> d'Helena, mais aussi
> pour les vins.

Attention, il vaut mieux réserver, car la popularité du restaurant ne fait que s'accroître. Même depuis l'ouverture de son nouveau bistro Helena (voir plus haut), la reine du fourneau portugais demeure encore bien présente dans le restaurant qui a fait sa renommée.

$ 50 à 60	Ouvert midi et soir du lundi au vendredi et le samedi en soirée	Très belle cave de vins, de portos et d'autres alcools en provenance du Portugal, terrasse

Tapeo

511 rue Villeray, Montréal, 514-495-1999, www.restotapeo.com

Pour tous les amateurs de tapas, voilà le rendez-vous où aller. Le restaurant a été refait depuis son ouverture et offre désormais un grand bar tout de long pour consommer tapas et vins fins. Le bois brut est à l'honneur, et le décor rouge et noir est sympathique, propice à la détente et au partage. Cela convient d'ailleurs fort bien à la formule de petits plats que l'on propose chez Tapeo : les tables assez rapprochées évitent l'intimité, mais conviennent parfaitement aux échanges entre tables.

Les deux associés, Victor et Sébastien, œuvrent ensemble pour que le service soit à la hauteur de la cuisine de la chef reconnue Marie-Fleur St-Pierre. Asperges grillées, croquettes de morue, chorizo grillé et calmars font partie du choix de tapas proposé, qui varie en fonction du marché et des arrivages. La cuisine change selon les saisons et s'étoffe avec l'apport des petits producteurs

On y va ...

pour les vins, mais aussi pour la cuisine et l'ambiance.

locaux qui s'installent au marché Jean-Talon dès le printemps. Seul bémol, une certaine faiblesse au niveau des desserts.

L'ambiance est de mise, et la musique, assez forte en fin de journée, assure à une clientèle assez jeune la garantie d'une belle soirée.

$ 30 à 45	*Ouvert le midi du mardi au vendredi et le soir du mardi au dimanche*	*Très belle cave de vins espagnols et portugais, bières locales*

Cuisine chinoise

Bon Blé Riz 🏮

1437 boulevard Saint-Laurent, Montréal, 514-844-1447

Il suffirait pourtant de presque rien pour que ce petit restaurant chinois retrouve un certain lustre terni avec le temps et les années. Les propriétaires ont adopté le Québec, sa langue et ses coutumes, mais le décor très chinois est passablement dépassé avec ses tons de rouge si populaires en Chine, présents tant sur les nappes qu'un peu partout sur les murs. Heureusement pour nous, les filles de la maison assurent qu'elles prendront la relève et moderniseront les lieux.

Les habitués comme moi y sentent un certain attachement pour la constance exemplaire dans les plats servis depuis plus de 25 ans, comme ce délicieux poulet croustillant à l'érable et au gingembre adapté au pays. On y sert comme partout le «fameux» poulet du Général Tao, mais aussi un bœuf à l'orange, un canard aux mille parfums et des crevettes Sichuan. Oubliez toutefois les desserts, sauf les beignets aux bananes et caramel d'érable.

On y va ...

pour les propriétaires toujours aimables et la cuisine simple mais bonne.

La petite carte des vins manque de panache, et spécialement de vins d'Alsace ou davantage de rosés pour consommer avec la cuisine asiatique. Le service, bien articulé en français, est toujours sympathique et agréable, et assuré par les mêmes serveurs présents depuis l'ouverture.

Certes, nous ne sommes pas dans un grand restaurant de Pékin, mais la fidélité exemplaire de cet établissement est garante du succès du Bon Blé Riz.

$ 25 à 35   *Ouvert midi et soir tous les jours*

Le Piment Rouge

Le Windsor, 1170 rue Peel, Montréal, 514-866-7816,
www.lepimentrouge.com

Voilà pourtant un restaurant qui a déjà proposé en plein centre-ville de Montréal une très bonne cuisine chinoise. Après bien des changements, c'est cette fois la descente aux enfers : moins de clients, moins d'argent, et donc toujours plus de problèmes au niveau de la qualité des mets servis.

Où est le regretté canard laqué entier et découpé en salle, le magnifique agneau aux épices de Gobi ? Même le service s'y ressent depuis le départ du personnel compétent. L'endroit peine à écouler un stock de vins à la limite de leur époque. Le bouchon casse parce qu'il est devenu sec au fil des années.

On y va...
en fait, je ne sais plus pourquoi on irait.

On ne ressent plus la foi dans cet établissement qui pourtant, à une époque pas si lointaine, a connu ses belles heures de gloire. Dommage, car les patrons laissent aller un magnifique établissement au décor retentissant, et qui en général nous changeait des restaurants chinois sans âme et tout vêtus de rouge.

C'est d'une grande tristesse, car trop peu d'établissements asiatiques offrent aujourd'hui un joli cadre et une cuisine de qualité à Montréal.

$ 60 à 75	Ouvert midi et soir tous les jours	Table d'hôte le midi

Soy

5258 boulevard Saint-Laurent, Montréal, 514-499-9399,
www.restaurantsoy.com

Au grand bonheur des gastronomes, Suzanne Liu officie aux fourneaux de chez Soy pour nous offrir une des plus belles cuisines chinoises à Montréal. Son établissement est discret, avec un décor simple qui n'offre pas vraiment une grande intimité, mais il affiche depuis plusieurs années une grande constance au niveau culinaire. Et pendant que la chef démontre son talent en cuisine, c'est son mari qui officie en salle et qui veille à ce que tout soit parfait.

On y va...
pour la gentillesse de Suzanne Liu et de sa famille, mais surtout pour la cuisine.

La chef Liu propose les grands classiques comme les *dumplings* et «son» poulet du Général Tao, mais c'est surtout la fraîcheur des aliments qu'elle utilise et la façon dont elle les travaille qui fascinent les convives. À chaque visite, c'est une découverte qui ravive les sens et me fait apprécier la culture culinaire asiatique. Ne manquez pas les soupes, qui sont à chaque cuillère un plaisir sans fin.

En accompagnement, bière chinoise et, à mon avis, pas assez de vins intéressants pour mettre en valeur la cuisine de Suzanne.

$ 30 à 40 Ouvert tous les soirs et le midi du lundi au vendredi

Cuisine
japonaise

Big in Japan

3723 boulevard Saint-Laurent, Montréal, 514-847-2222, www.biginjapan.ca

On est bien dans un *izakaya* japonais chez Big in Japan, avec son mélange de plats typiques des bistros du Japon et de différentes cuisines asiatiques. D'ailleurs, avec ses banderoles sur les murs, ses banquettes en similicuir et sa cuisine à aire ouverte, on se croirait presque dans une taverne japonaise.

Cet *izakaya* propose des fritures de porc et de crevettes, de la bière japonaise et des *dumplings* au porc qui ressemblent davantage à des *dumplings* chinois que japonais. Pour ne pas être déçu, choisissez les *ramen* que l'on sert avec un thé vert pour presque rien au Japon, tant dans la rue que dans les petits bistros. Servies avec un œuf poché, des herbes, ou encore des algues, ces soupes-repas sont excellentes et sans reproches chez Big in Japan.

On y va ...
pour l'exotisme japonais et si l'on aime le bruit.

Je n'ai pas eu le courage d'essayer le pudding au tofu soyeux, mais ma voisine de table habituée au tofu m'en a fait l'éloge.

Le service est un peu lent et gagnerait à être amélioré. En prime, du bruit et même trop, ce qui empêche toute conversation sérieuse.

$ 25 à 35 | Ouvert le midi en semaine et en soirée tous les jours | Très bons cocktails, vins au verre et bières japonaises et de microbrasseries

Jardin Sakura ★ ½

3450 rue Drummond, Montréal, 514-288-9122, www.sakuragardens.com

Même si tous les employés ont l'air japonais, ils ne le sont pas tous sous leurs visages asiatiques, mais cela n'enlève rien à l'authenticité de ce restaurant qui affiche allègrement ses 30 années de culture gastronomique nippone à Montréal.

Après avoir comme au Japon retiré ses chaussures, on s'installe dans l'une des différentes petites salles intimistes et *cosy* avec leurs tatamis. On retrouve aussi sur place un très beau « bar à sushis », et deux plus grandes salles où savourer, dans un décor très japonais et zen, une cuisine véritablement japonaise. Outre les sushis, makis et sashimis, toujours frais et bons, vous pourrez également essayer les tempuras de légumes ou de crevettes, à consommer avec une bière japonaise Asahi ou Sapporo. La cuisine japonaise est vaste et permet des découvertes tant au niveau du tofu que des légumes marinés comme le « daïkon » (radis blanc).

On y va...

pour s'imprégner de la culture japonaise et pour les bons sakés.

Il est aussi possible, en réservant, d'opter pour le Kaiseki, le repas festif par excellence des Japonais.

Le Jardin Sakura a étoffé sa carte des vins et dispose désormais d'une belle cave qui comprend évidemment aussi de bons sakés. Le thé vert matcha demeure un autre incontournable. Le service ici est attentionné, respectueux et dédié à la clientèle.

$ 40 à 45

Ouvert le midi du lundi au samedi et tous les soirs

Jun I ♦♦♦

156 avenue Laurier Ouest, Montréal, 514-276-5864, www.juni.ca

Voilà sans aucun doute LE restaurant japonais de Montréal. Discret, beau garçon et brillant, Juni San est un restaurateur hors norme. Son établissement de l'avenue Laurier dégage une ambiance zen, propice à la détente et l'attente. Le décor est moderne et très agréable, et la musique bonne et discrète. Du comptoir de travail devant la salle, on peut apercevoir le chef, anciennement du défunt restaurant Soto, faire tout un spectacle digne des chefs du marché Tsukiji de Tokyo. Ses stagiaires venus tout droit du Japon ou de Californie suivent le maître comme un mentor.

On y va ...
pour les meilleurs sushis en ville et pour un repas en tête-à-tête avec de grands sakés.

En effet, Juni San travaille le poisson à la japonaise comme personne et s'assure avant tout de sa fraîcheur. Il ose faire ce que d'autres ont copié depuis, entre autres des sushis ou makis au foie gras de canard, de la longe de porc Nagano aux piments d'Espelette et de la glace au thé vert ou au yuzu. On peut aussi apprécier de très bonnes sauces soya, et la surprenante collection de sakés et de vins d'importation dont le chef est grand amateur. Pour ma part, il manque néanmoins de choix au menu, ce qui empêche l'amateur d'y retourner plus souvent.

Note : ne pensez pas déguster des sushis exceptionnels pour trois fois rien, cela n'existe pas. Surtout quand, comme ici, ils deviennent de grands plats.

$ 55 à 65	*Ouvert le midi du mardi au vendredi et le soir du lundi au samedi*	*Service de traiteur et possibilité de commander pour emporter*

Kaisen Sushi Bar et Restaurant

4075 rue Sainte-Catherine Ouest, Montréal, 514-707-8744, www.70sushi.com

Un grand nombre d'habitués se retrouvent dans ce restaurant qui, avec les années, a su conquérir les amateurs de sushis. Le décor est moderne et met en valeur les matériaux nobles comme le bois, l'acier, le cuir et la pierre. L'ambiance est bonne, et les gens sortent toujours contents.

On ose presque l'impossible dans ce restaurant où les propriétaires se sont dotés d'une fabuleuse cave à vins. Les maîtres sushis s'animent devant nous pour préparer de véritables œuvres d'art qu'ils présentent de façon harmonieuse.

On y va...
le midi quand on souhaite manger des sushis.

Plus d'une soixantaine de sushis, makis et sashimis peuvent être commandés au *sushi bar* pour manger sur place ou emporter, sans oublier le choix de soupes japonaises que l'on sert au restaurant. La traditionnelle soupe miso est un grand classique de la maison, et toujours bonne.

Les dimanche, lundi et mardi soirs, des musiciens de jazz rendent l'atmosphère des lieux encore plus zen et encore plus belle.

$ 30 à 45 | *Ouvert midi et soir en semaine et en soirée samedi et dimanche* | *Bières japonaises et sakés disponibles*

Kyo Bar Japonais

Le Place d'Armes Hôtel & Suites, 711 côte de la Place-d'Armes, Montréal, 514-282-2711, www.kyobar.com

Prenez un restaurant de cuisine du terroir d'ici qui marche moyennement, ajoutez une touche de décor japonais, conservez les vieilles et belles pierres existantes, modifiez un tantinet le bar, remuez le tout avec un chef asiatique, et hop vous avez le nouveau bistro-bar japonais Kyo, qui se spécialise autant dans les nombreux sakés qu'il propose que dans le mélange des genres de la cuisine asiatique.

Izakaya, c'est de cette façon que l'on qualifie ce type de bistro qui permet d'apprécier aussi bien des makis, sushis et sashimis que de l'aile de raie frite (excellente d'ailleurs) ou encore du porc braisé avec une bonne bière Sapporo. Oui c'est bon, le service est agréable sans être prétentieux, et les plats sont un peu moins chers que dans un grand restaurant japonais.

On y va ...

pour l'ambiance et pour le choix de sakés.

Même si l'esprit qui y règne n'est pas uniquement japonisant, l'atmosphère est fort sympathique et rassembleur pour une gang d'amis qui veulent manger différemment. Au dessert, commandez les beignets au yuzu et au sésame noir qui sont en finale complètement déconcertants.

$ 35 à 45 | *Ouvert le soir du lundi au samedi* | *Plus de 25 sakés proposés*

Mikado

*399 avenue Laurier Ouest, Montréal, 514-279-4809, www.
mikadomontreal.com, plus deux autres succursales à Montréal*

Si vous êtes comme moi un fan de la cuisine japonaise, il y a
beaucoup de chance que le Mikado vous conviendra. Désormais,
il existe trois succursales à Montréal de cet établissement passé
maître dans l'art culinaire nippon. Le décor de chacune, à l'image
du Japon, dénote beaucoup de goût et de sérénité, et est parfait
pour passer de magnifiques moments en ces lieux. On y trouve
de petits salons privés à la japonaise qui permettent l'isolement
sur tatamis, mais aussi des salles pour les réceptions.

À découvrir : toute la série des
sushis, sashimis et nouilles
japonaises, le tempura de
crevettes et surtout le crabe pané
à carapace molle qui est servi avec
une sauce au gingembre.

On y va...

*pour la constance
dans les makis et
autres sushis, mais
aussi pour le choix
de sakés.*

Vous pouvez aussi opter pour le
menu omakasé, qui permet aux
chefs de créer en fonction des
produits disponibles un menu
spécial pour vous.

Merveilleux choix de vins pour un restaurant japonais, mais
surtout une carte unique de sakés importés. Grand choix de
thés et de bières japonaises.

Ce restaurant de l'avenue Laurier est devenu au fil du temps une
véritable institution et demeure une valeur sûre tant pour les
initiés que pour les amoureux de cuisine japonaise de passage.

$ 40 à 55	*Ouvert midi et soir en semaine et en soirée samedi et dimanche*	*Services de traiteur et de livraison, plats à emporter*

Park  ½

Coup de cœur

378 avenue Victoria, Wesmount, 514-750-7534,
www.vicpark.com

Tout le monde en parle, car c'est vraiment le restaurant de l'heure. Le chef Antonio Park est sans aucun doute un grand professionnel, et il le démontre dans son établissement toujours complet de l'avenue Victoria. L'endroit très zen présente un mélange de bois et de métal et est doté d'un grand comptoir qui traverse la salle à manger.

On croit avoir gagné son ciel chez Park, où l'on vit de grands instants de bonheur gourmand. Le chef nous propose un mélange de cultures alimentaires avec son amalgame de cuisines coréenne, japonaise et européenne, le tout préparé avec des produits biologiques locaux ou parfois très exotiques. On assiste à la fusion du yin et du yang, que l'on peut traduire ici en cuisine du froid et du chaud, souvent caramélisé par le feu vif de la torche du chef. À déguster : du filet de saumon sauvage au très bon soya et à l'érable, beaucoup de poissons crus sous forme de sashimi ou de sushi avec une touche chaque fois différente de ce que l'on retrouve habituellement dans les restaurants de sushis, des pétoncles princesse en coquille, des légumes marinés, des fines herbes, de la moutarde japonaise…

On y va…

pour vivre de grandes émotions gourmandes.

Voilà du grand art culinaire, et le résultat est tout simplement divin. Les saveurs s'affrontent, et tous ceux et celles qui sont attirés par la cuisine originale voudront découvrir le phénomène Park.

$ 45 à 65 | *Ouvert le midi et le soir du lundi au samedi, et pour le brunch le samedi* | *Bon choix de bières asiatiques et de vins*

Le Petit Tsukiji 🍶 ½

1052 rue Lionel-Daunais, local 402, Boucherville, 450-906-0980,
www.petittsukiji.com

Tous ceux qui vont un jour à Tokyo rêvent d'y découvrir le célèbre marché Tsukiji, plus beau marché de poissons au monde. C'est en hommage à ce marché et à la fraîcheur légendaire de ses produits que le chef et patron a nommé son restaurant installé dans ce quartier en plein développement de Boucherville. Il y offre une superbe cuisine japonaise et des sushis exemplaires de qualité et de fraîcheur.

Joliment décoré de bambous, le restaurant est moderne comme le complexe dans lequel il est situé. Chaque jour installé dans sa cuisine de préparation face à la salle à manger, le chef laisse aller sa créativité pour dresser le menu du jour selon ses trouvailles du marché ou encore ses coups de cœur. À chacune de mes visites, je lui laisse la pleine latitude pour qu'il me prépare « sa » cuisine.

On y va …

pour la qualité exemplaire de la cuisine et la gentillesse du service.

Les sushis, makis et autres préparations sont déposés sur de petites planches de bois, et toutes les assiettes sont joliment décorées dans le plus pur style asiatique, avec finesse et raffinement. Les soupes ou consommés sont d'une grande finesse, et le détour jusqu'à Boucherville en vaut vraiment la peine. Il manque juste l'eau, les cailloux et quelques bonzaïs pour devenir zen.

Les seules faiblesses demeurent les desserts et la carte des vins, qui pourrait être plus étoffée. Le rapport qualité/prix est excellent, tout comme la bière japonaise et le service.

$ 35 à 45

Ouvert le midi du mardi au vendredi et le soir du mardi au dimanche

Sata Sushi

3349 rue Ontario Est, Montréal, 514-510-7282, www.satasushi.com

Il y a sushis et soucis. Mes soucis à moi sont de trouver de petites perles rares, des endroits inusités où l'on aime se retrouver et d'où l'on ressort heureux. Heureux qui comme Philippe a fait un long voyage gourmand près de l'empire du Soleil levant… ou plutôt dans la rue Ontario à Montréal. Certes, nous ne sommes pas à Tokyo ou Kobé, mais cet endroit étroit et simple, bien que joliment décoré, pourrait nous faire croire le contraire.

Ici, un bar se prolonge et cache la cuisine où sont préparés les makis, sushis et autres recettes à consonance nippone adaptées à la façon montréalaise. L'éclairage trop tamisé ne permet pas de rendre justice aux mains expertes qui préparent ces spécialités. Le maki au thon albacore est grillé au chalumeau, et le riz vinaigré, préparé dans une micro-cuisine par une jeune et jolie Coréenne, est parfait.

On y va …

pour l'ambiance et pour bien manger en tête-à-tête, mais pas pour les desserts.

Il manque néanmoins cette touche magique qu'ont les authentiques «bars à sushis» qui n'hésitent pas à préparer la dorade, le maquereau, l'anguille ou la sardine. Celui-ci reste dans les classiques gagnants que sont le saumon, le thon, le crabe et autres crevettes.

À noter le beau mais petit choix de vins, bien sélectionnés avec notamment des vins importés par la célèbre maison réZin. Oui c'est bon, c'est copieux, et le prix à payer est justifié pour passer une charmante soirée en tout aussi charmante compagnie.

$ 35 à 40

Ouvert le soir du mardi au dimanche

Tri Express

1650 avenue Laurier Est, Montréal, 514-528-5641,
www.triexpressrestaurant.com

Un Vietnamien (Monsieur Tri) qui fabule sur la cuisine japonaise et qui décide de faire découvrir aux Montréalais sa version de concevoir les sushis, *banzai*! Voilà, comme quelques autres établissements de cette avenue mythique de Montréal, un endroit à retenir.

Ce tout petit resto un peu kitsch offre des produits de qualité et une ambiance qui sait charmer le voyageur gourmet. Attention, vous ne trouverez pas de grandes nappes blanches, de verrerie fine ou de grand service ici. Et c'est bien dommage, mais pas de bières ni de sakés non plus. C'est le choix de Monsieur Tri qui fonctionne ainsi depuis de nombreuses années, au risque de perdre quelques clients... Le bon thé vert ou noir ainsi que les soupes peuvent toutefois facilement nous faire oublier la *'tite* bière mon minou.

On y va...
pour rencontrer Monsieur Tri et découvrir ses très bons sushis.

Laissez faire le chef qui vous proposera ses «spéciaux» du jour ou encore de la semaine, et n'hésitez pas à commander pour emporter les plats ou préparations qui vous charment.

$ 30 à 40

Ouvert midi et soir du mardi au vendredi et en soirée samedi et dimanche

Autres *cuisines* internationales

Brit & Chips

433 rue McGill, Montréal, 514-840-1001, www.britandchips.com

Voilà pour ma part le meilleur *fish and chips* que l'on trouve à Montréal. De la morue en passant par l'aiglefin, le saumon ou le merlu, le *fish and chips* ici est à son meilleur, ni trop gras ni trop sec, avec une panure légère et croustillante.

Il se donne parfois même des saveurs d'érable ou de bière Guinness, et d'ailleurs, si la bière coule à flots ici, on peut tout aussi bien y retrouver des condiments et à-côtés *British* comme la fameuse moutarde anglaise Colman's, du vinaigre de malt, des bonbons, et plus encore. Fait à noter, le poisson est servi comme il le faut pour l'emporter dans des feuilles de papier journal (en anglais, bien sûr).

Le décor est celui d'un pub sans que l'établissement en soit vraiment un : tables de bois, photos de pêche, et souvent, dès que le service commence, une file de passionnés qui viennent pour le poisson pané, mais aussi pour les acras de morue, les *pies*, et tout le reste.

On y va...
pour le fish and chips *et pour l'ambiance extra!*

C'est la vraie cuisine d'un pub anglais : il manque juste une bonne *steak and kidney pie* et l'effet serait parfait.

$ 20 à 28 | Ouvert tous les jours le midi et le soir | Petite terrasse devant le restaurant en été

Cava ½

5551 avenue du Parc, Montréal, 514-273-7772,
www.cavarestaurantmontreal.com

C'est le petit frère de Milos. Ce resto qui s'appelait d'ailleurs autrefois le Petit Milos semble avoir trouvé chaussure à son pied. Le décor blanc cassé, très épuré, laisse indéniablement savoir que l'on se trouve dans un restaurant grec. Le bar design et l'ambiance urbaine très montréalaise offrent une large place aux gens d'affaires qui s'y retrouvent pour le plat du jour le midi et aux couples branchés qui s'y rendent en soirée.

Le cellier qui renferme des bouteilles d'importation privée, les armoires qui servent au vieillissement du bœuf et la cuisine

On y va ...
pour le bar, la jolie clientèle et le jambon serrano découpé devant soi!

à aire ouverte qui donne sur la salle à manger forment ensemble un lieu parfait pour apprécier un vrai jambon ibérique qui est tranché au couteau, clin d'œil à la Méditerranée, mais aussi des *hortopita* (de la pâte filo maison avec des fines herbes, des épinards et du feta), de l'agneau de lait, du poulet farci et de bonnes huiles d'olive. Ce n'est pas le sirtaki qui vous accompagne en mangeant, mais du bon jazz ou de la musique urbaine et branchée, comme les gens qui fréquentent l'établissement.

Ne pas omettre les glaces maison aux épices et au baklava, ni le très bon choix de fromages grecs et québécois.

$ 50 à 60, *menu du midi au prix du marché*

Ouvert le midi en semaine et le soir tous les jours

Choix de vins grecs d'importation privée, terrasse

Chao Phraya

50 avenue Laurier Ouest, Montréal, 514-272-5339, www.chao-phraya.com

Il faut aimer comme moi la Thaïlande et sa cuisine pour apprécier les recettes thaïes du Chao Phraya. Depuis quelques années, les patrons ont remodelé le décor du restaurant pour lui donner un air moderne, ils ont ajouté un cellier, trop rapproché les tables et orné les murs en ajoutant des fresques et tableaux qui représentent le pays. Mais honnêtement, ce décor passe-partout n'a rien pour me jeter par terre.

Les propriétaires thaïs se sont très bien adaptés à la réalité québécoise. Ils ont évolué dans leur style et nous proposent une cuisine plus asiatique que thaïlandaise et ajustée à notre continent. La sélection est à l'image des restaurants chinois, soit à n'en plus finir. On tourne les pages que l'on oublie aussitôt, et on demeure sur les valeurs connues. Les calmars au cari rouge, le pad thaï, le poulet sauté et les poissons demeurent pour ma part les points forts du menu.

On y va...
pour la cuisine, mais pas vraiment pour la déco.

D'ailleurs, le Chao Phraya reste classique tant dans ses plats que dans le choix des assiettes qui les présentent. Ici, pas de fantaisie décorative pour les plats de service, et il demeure loin du Japon ou de la Corée au niveau des décors.

Comme dans la plupart des restaurants asiatiques, les desserts sont nuls ou pour le moins décevants, avec leurs litchis en boîte qui n'ont plus rien d'exotique.

$ 30 à 45 | *Ouvert tous les soirs*

ChuChai

4088 rue Saint-Denis, Montréal, 514-843-4194, www.chuchai.com

Il me faut vous l'avouer, je suis plus carnivore que végétarien, bien que j'adore les légumes, le riz, la semoule et le quinoa. Tout sauf le tofu, avec lequel j'ai quelques difficultés au niveau du goût. En fait, selon moi le tofu ne goûte rien sauf les épices ou les sauces qui l'accompagnent. Et pourtant, j'apprécie ce restaurant qui se situe entre la cuisine indienne, thaïe et actuelle.

Le décor présente un mélange insolite de fresques éléphantesques qui illustrent la Thaïlande, de tables et de meubles très urbains et actuels, ainsi qu'un grand bar où il est possible de s'attabler pour prendre un verre ou manger.

On y va ...

pour respecter ses convictions végétariennes ou pour découvrir l'expérience de consommer sans viande.

Lily Sirikittikul, c'est la chef qui prépare avec délectation des plats dignes des grandes cuisines. Je n'aime pas les plats tels que ceux qui se composent de «simili» poulet ou de «simili» bœuf. Pour les purs et durs comme moi, mieux vaut commander les bonnes pâtes comme savent les faire les cuisinières en Thaïlande, les plats de légumes comme la salade de mangues et pommes vertes, ou encore les algues de mer frites, qui sont tout simplement délicieuses.

\$ 30 à 45 | *Ouvert midi et soir du mardi au samedi*   *Terrasse*

Julieta Cuisine Latine

67 rue Beaubien Est, Montréal, 514-507-5517, www.julietacuisinelatine.ca

C'est la mode de la cuisine latine présentement au niveau international, surtout pour la cuisine péruvienne qui vit ses heures de gloire avec de grands chefs. Chez Julieta, on découvre avec plaisir un petit restaurant de quartier sympathique et sans prétention qui, dans un décor simple et agréable, propose un mélange de saveurs du Venezuela, de l'Argentine, de la Colombie et du Pérou.

J'aime y savourer la soupe maison aux crevettes et lait de coco, la queue de bœuf braisée, le maïs en galette qui porte le nom de *cachapa* et le quinoa (saviez-vous que l'année 2013 avait été déclarée l'année internationale du quinoa par les Nations Unies?).

Les *huitlacloches*, ces petits champignons parfumés que l'on retrouve aussi au Mexique sur les pieds de maïs, sont ici merveilleusement cuisinés avec maïs et crevettes. Que ferait-on dans la cuisine latino si le maïs n'existait pas? Il faudrait l'inventer.

On y va...
pour voyager dans la cuisine de l'Amérique latine.

Fait à noter, la cuisine est sans gluten. Réservez, car la capacité d'accueil du restaurant est petite.

$ 25 à 30

Ouvert le soir du mercredi au samedi et pour le brunch samedi et dimanche

Maison Indian Curry

996 rue Jean-Talon Ouest, Montréal, 514-273-0004,
www.maisonindiancurry.ca

La cuisine indienne a souvent mauvaise réputation à Montréal. Pourtant, quoi de mieux qu'un bon et vrai curry de légumes, de poisson ou de poulet? Si comme moi vous aimez l'exotisme de l'Inde et les saveurs que ses épices et masalas procurent, alors vous êtes à la bonne enseigne à la Maison Indian Curry.

On ne prétend pas ici vous amener dans les chics restaurants de Bombay, mais bien dans un petit resto bien simple et tellement sympathique qu'on y revient dès que possible. Le service familial est à l'image du reste, bon et sans prétention.

On y va ...
avant tout pour manger un bon curry.

Le pain naan est cuit dans un four tandoor, et les lentilles cuites au beurre et servies avec de la coriandre sont un vrai délice, tout comme le biryani aux crevettes que l'on prend avec un thé noir ou une bière Cheetah.

Il ne vous en coûtera que quelques dollars ici pour vivre une expérience gustative chargée en piments.

$ 20 à 32 | *Ouvert midi et soir tous les jours*   *Bières et thés*

Milos

5357 avenue du Parc, Montréal, 514-272-3522, www.milos.ca

Ce restaurant de poissons appartient à une certaine époque et tarde à se renouveler. Cependant il faut l'avouer, Milos demeure Milos et propose toujours une qualité de poissons et de fruits de mer inégalée, sauf peut-être par ses prix qui peuvent atteindre l'Himalaya. Heureusement, depuis quelque temps, on y propose des tables d'hôte très accessibles le midi et le soir après 22h. Il reste que le service, malgré la quantité de serveurs présents, est inégal.

Dans ce restaurant mythique de l'avenue du Parc, le décor est classique, presque trop avec ses lumières tamisées, son banc de poisson et sa musique qui rappelle aux nostalgiques les îles grecques et le pays de l'olivier. D'ailleurs, on utilise et on vend une belle sélection de produits importés des îles, comme l'excellente huile d'olive maison (« L'huile de ma sœur »), du miel et des fines herbes, des vins d'importation, de la retsina, et plus encore.

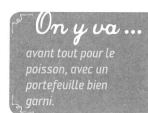

On y va...
avant tout pour le poisson, avec un portefeuille bien garni.

Si vous le pouvez, demandez que l'on vous prépare la dorade royale, le mérou, la pieuvre ou les crabes à carapace molle importés de Floride. Pour ma part, j'ai un coup de cœur pour les câpres de Santorini, un pur délice de finesse et de goût.

Vu le manque de vrais restaurants de poissons à Montréal et en banlieue, je demeure attaché à ce restaurant qui toutefois pourrait bien perdre une toque l'an prochain.

$ 70 à 80
menus à prix réduits le midi et tard en soirée

Ouvert midi et soir du lundi au samedi et en soirée le dimanche

Très bon choix de vins grecs importés par le propriétaire

Raza

114 avenue Laurier Ouest, Montréal, 514-227-8712, www.groupemnjr.com

La cuisine péruvienne a la faveur actuelle du public, plus souvent à l'étranger que dans son pays d'origine. Très inspiré par l'esprit du chef catalan Ferran Adrià, le chef d'origine péruvienne Mario Navarrete Jr., qui a déjà œuvré dans les cuisines de Daniel Boulud à New York, essaie de mettre de l'avant ce qu'il a appris de ses maîtres à penser tout en innovant pour nous faire découvrir cette grande cuisine du monde.

Le décor du Raza est à l'image de la philosophie du chef, assez épuré et de bon goût, tout comme les assiettes qui y sont proposées. On offre différentes formules à différents prix, mais les saveurs sont toujours fines et recherchées, et le chef n'hésite pas à nous surprendre avec ses mélanges parfois éclectiques, comme cette morue noire au taboulé de quinoa, ce *tiradito* de pétoncles au jus de lime et piment péruvien, ou cette mousse à la noix de coco.

On y va...
pour découvrir une cuisine vraiment unique.

J'aime venir ici, aussi bien pour l'ambiance que pour apprécier les plats qui me surprennent chaque fois. Il manque de restaurants de ce genre à Montréal, et le Raza est une référence culinaire qu'il faut à tout prix découvrir.

$ 40 à 50 | Ouvert le soir du mardi au samedi | On peut apporter son vin

Daou

2373 boulevard Marcel-Laurin, Montréal, 514-334-1199; 519 rue Faillon
Est, Montréal, 514-276-8310

Rien de très beau ou d'alléchant au niveau du décor des deux restaurants Daou, qui servent souvent de cadre pour des noces libanaises et moyen-orientales dans lesquelles se retrouvent souvent mêlés de pauvres clients comme moi, oubliés dans la tourmente arabe. C'est trop souvent bruyant et, en plus, avec la télévision qui passe en boucle certains feuilletons du pays, cela désarme le consommateur que je suis. Et pourtant, la cuisine que l'on y sert est bonne et demeure sûrement la meilleure du genre à Montréal. D'ailleurs, je sais que la famille Angélil-Dion s'approvisionne souvent en *falafels*, *houmous* et salades *fattouche* chez Daou.

Ce sont les filles de la défunte fondatrice Alice Daou qui assurent désormais la relève dans les deux restaurants de cuisine libanaise de leur mère. Au menu on a conservé les plats de tradition familiale, comme les fameux *baba ganoush*,

On y va ...
pour goûter aux
feuilles de vigne et
à l'houmous aux
pignons.

les feuilles de vigne farcies ou les *kefta* d'agneau. Le service est toutefois distant et peine à répondre aux questions. Dommage, car les vins libanais que j'adore et qui sont souvent absents sauf exception à la SAQ sont ici offerts à bon prix.

$ 25 à 40 | *Ouvert midi et soir du*
mardi au dimanche

Restaurant Gandhi ❈❈

Coup de cœur

230 rue Saint-Paul Ouest, Montréal, 514-845-5866,
www.restaurantgandhi.com

Si vous aimez l'Inde et sa cuisine, ce restaurant situé au cœur du Vieux-Montréal va certes vous charmer avec ses nappes blanches, ses serviettes de coton, sa vaisselle de qualité, son décor agrémenté d'alcôves et les belles pièces de collection qui ornent ses murs. Cet établissement séparé en plusieurs salles offre un cadre calme et presque zen, parfait pour un tête-à-tête. Le personnel de salle vous parlera en français et vous expliquera les rudiments de la cuisine indienne. Ne soyez pas surpris si le maître d'hôtel, un homme de talent, appelle toutes les femmes «Mademoiselle». Même si ces femmes ont parfois depuis très longtemps l'âge de raison, elles se laissent charmer.

On y va ...

pour l'ambiance romantique et le poulet au beurre.

Peu importe qu'on choisisse la traditionnelle soupe dal aux lentilles, les pains indiens, les tandooris ou l'un des divers currys que propose le menu, on se retrouve facilement en Inde dans un tel contexte. Le service est soigné et attentionné, et il ne faut pas hésiter à se faire expliquer les divers plats offerts chez Gandhi. Très bon choix de vins au verre ou à la bouteille, et une excellente sélection de thés à essayer.

Pour ma part, je consomme chez Gandhi l'excellente bière indienne avec un curry ou des crevettes aux piments. Attention cependant aux éclaboussures qui tachent la chemise ou la cravate!

$ 40 à 55 | *Ouvert le midi en semaine et tous les soirs*

Restaurant SU ✦

5145 rue Wellington, Verdun, 514-362-1818, www.restaurantsu.com

Eh oui, ça bouge à Verdun, là où les bons restaurants se suivent sans se ressembler. Si on ne m'avait pas invité pour me faire connaître ce nouveau resto, je ne l'aurais peut-être jamais découvert. Sa chef, Fisun Ercan, tente à prouver aux Montréalais qu'il existe une cuisine turque comme il existe une cuisine marocaine, même si elle est malheureusement trop absente dans la métropole et dans ce guide gastronomique.

Les épices sont mises de l'avant dans les *meze* que propose la carte du SU: poivron rouge grillé, tzatziki avec épinards et huile d'olive, ou encore le *fava*, une purée de gourganes avec huile d'olive, aneth et oignons caramélisés qu'il vous faut absolument commander. Un délice à consommer avec du pain pita. Le kebab d'agneau de Kamouraska servi avec une purée d'aubergines est une autre belle réussite.

On y va…

pour les meze et pour découvrir une cuisine dédiée aux épices.

Côté décor, c'est bleu et gris avec des assiettes du pays représentant des arabesques. Essayez les vins turcs, une découverte quant à moi, même s'il reste encore du travail à faire avant de pouvoir les comparer avec les vins libanais.

$ 30 à 45 | *Ouvert le soir du mardi au samedi et pour le brunch samedi et dimanche*

La Sirène de la mer

114 avenue Dresden, Ville Mont-Royal, 514-345-0345;
1805 rue Sauvé Ouest, Montréal, 514-332-2255; www.sirenedelamer.com

Pour bien apprécier cette sirène, il faut aimer le *baba ganoush*, la purée de pois chiches, les calmars frits, les feuilles de vigne et un décor un peu pompeux qui se situe entre les colonnes grecques et le confort des chics demeures de Beyrouth, avec une touche kitsch comme ces grandes photos couleur qui mettent en vedette le pays d'origine du propriétaire. Par contre, il faut l'avouer, cette cuisine est une adaptation de la vraie cuisine libanaise.

Les tables, bien nombreuses, reçoivent la quantité gigantesque de convives qui se partagent, côté mer, des plats de poisson provenant de la poissonnerie juste à côté, sans reproches et toujours frais. Sur le côté terre du menu, on note des *chich taouks*, des *rib steaks* et d'autres recettes empruntées à la cuisine d'ici. Un mélange de styles déconcertant, mais qui semble ravir la grande partie de la clientèle qui tente de retrouver ses habitudes du Moyen-Orient.

On y va ...
pour le dépayse-ment, mais pas tous les jours.

Attention, le restaurant peut facilement devenir bruyant compte tenu de sa grande capacité d'accueil. Des mariages et autres événements syriens, arméniens et libanais se tiennent souvent en ces lieux qui s'enrichissent alors de couleurs et d'artifices.

Et pendant que j'y pense, ne manquez pas de découvrir les superbes vins du Liban quand ils sont disponibles à la SAQ.

| **$ 40 à 55** | *Ouvert midi et soir tous les jours* | *Belle carte des vins* |

Tasso bar à mezze

3829 rue Saint-Denis, Montréal, 514-842-0867, www.tassobaramezze.com

Je me souviens encore de la gentillesse de feu Tasso Saltiaris et de son restaurant où toute l'équipe de *Samedi et rien d'autre* de Radio-Canada se retrouvait à chaque fin de saison. Tout a changé depuis que Tasso nous a quittés, la cuisine est plus actuelle et le décor, autrefois très grec, est devenu plus moderne et très urbain.

Du coup, les nouveaux propriétaires ont revisité les grands classiques de la cuisine grecque. Les *mezze* (tapas helléniques) sont toujours présents, les poissons et le calmar grillé aussi, de même que l'excellente pieuvre grillée.

Mais le meilleur, ce sont ces découvertes gourmandes que le chef nous fait apprécier et qui nous font saliver, comme ce tartare de cardeau à la saumure d'olives Kalamata, ou encore ce maquereau fumé maison, un pur régal.

On y va...
pour l'ensemble des belles choses que procure ce restaurant gourmand.

Tasso serait très fier de cette évolution qui laisse la place aux vins grecs, à la retsina et aux incontournables *loukoumádes*, ces beignets au miel uniques.

$ 35 à 50 | *Ouvert midi et soir du lundi au vendredi et en soirée le samedi* | *Terrasse*

80 découvertes gourmandes

Alcools

SAQ et jasette à l'île des Sœurs

Une des belles succursales de la SAQ avec son choix incomparable de vodkas et de champagnes, et son incomparable conseiller passionné, Yves Beauchemin, qui répond à toutes vos questions. Depuis que la succursale s'est refait une beauté, elle offre plus de choix, mais hélas, on a enlevé des tablettes le merveilleux vermouth Noilly Prat, qui permettait de préparer de magnifiques sauces, pour le poisson ou les pétoncles, par exemple.

SAQ Sélection Île-des-Sœurs, *44 place du Commerce, île des Sœurs, 514-766-4432, www.saq.com*

Une absinthe et des tapas au bar Le Sarah B.

Surnommée la fée verte, l'absinthe demeura longtemps la boisson fétiche des artistes du XIXe siècle. Aujourd'hui retrouvée et bonifiée, on peut apprécier cette liqueur aux herbes en douceur avec quelques tapas dans le plus grand des conforts au bar Le Sarah B. de l'hôtel InterContinental Montréal.

Le Sarah B., *InterContinental Montréal, 360 rue Saint-Antoine Ouest, Montréal, 514-847-8729, www.montreal.intercontinental.com*

De tout pour les amateurs de vin

Chez Vinum Design, tout est là pour les amateurs de vin et tout ce qui touche la science de l'œnologie. Dépositaires des verres Riedel et de carafes en cristal, fabricants de caves et de celliers sur mesure et à tous les prix, ces pionniers montréalais de l'art de la table et spécifiquement du vin jouent la carte de la qualité et du service. On y trouve les grandes marques comme Peugeot, les Forges de Laguiole, Alessi, etc.

Vinum Design, *1480 rue City Councillors, Montréal, 514-985-3200, www.vinumdesign.com*

Le rendez-vous des mixologues

Sur le Plateau, on découvre ce comptoir unique qui réunit «mixologues» et amateurs de sensations olfactives. Fabien est un magicien du cocktail, et il n'hésite pas à mélanger les épices et les condiments qu'il sait combiner en harmonie avec des fruits, des alcools et même de la bière pour rehausser leurs goûts et saveurs. On peut l'inviter, lui et son équipe, pour des soirées privées où subitement le cocktail fume, pétille et s'installe dans la chaleur du jour ou de la nuit. Bières de microbrasseries et membre de la Route de l'érable.

Le LAB, Comptoir à cocktails, *1351 rue Rachel Est, Montréal, 514-544-1333, http://lab.mixoart.com*

Articles de cuisine

La boutique d'Arthur

Ne manquez pas sur le Plateau Mont-Royal, à proximité de L'Express, de visiter la magnifique boutique Arthur Quentin, qui propose tout le matériel requis pour les arts de la table et la cuisine. Choix de cocottes, couteaux Laguiole, moules en silicone… Une boutique qui prend des accents de Provence et de Paris, mais qui, dans tous les cas, active les cinq sens.

Arthur Quentin, *3960 rue Saint-Denis, Montréal, 514-843-7513, www.arthurquentin.com*

Une boutique pour la cuisine

Les Touilleurs, une des très belles boutiques de Montréal, rassemble les amateurs et les gourmets. On y trouve tout le nécessaire pour touiller et cuisiner. Couteaux, casseroles, matériel et cours de cuisine, livres de recettes ou produits fins alimentaires, demandez-leur n'importe quoi et soyez assuré qu'ils vont vous le trouver.

Les Touilleurs, *152 avenue Laurier Ouest, Montréal, 514-278-0008, www.lestouilleurs.com*

La quincaillerie qui n'en est pas une

Peu importe que l'on y aille pour la maman Elena ou le fils Stefano Faita, c'est la quincaillerie italienne par excellence dans le coin du marché Jean-Talon. On y trouve autant des machines à café que des machines pour faire ses pâtes, ainsi que du petit matériel de cuisine, des livres et parfois même Josée di Stasio en personne. Des cours de cuisine italienne sont proposés sur place.

Quincaillerie Dante, *6851 rue Saint-Dominique, Montréal, 514-271-2057*

Nicola Travaglini, l'âme de l'Italie au marché Jean-Talon

Quelle magnifique boutique! On se croirait même en Italie tellement le choix qu'elle propose, tant en produits frais qu'en conserves, charcuteries et autres spécialités, est abondant. Il faut goûter à sa *porchetta* ou encore, durant les Fêtes, son *panettone*, le meilleur en ville. C'est beau, c'est bon et on voudrait comme moi tout acheter. On peut consommer sur place un excellent café, mais aussi un sandwich à la mortadelle, des anchois, ou encore une pizza encore chaude comme chez la mama de Nicola.

Boutique Nicola Travaglini, *152 avenue Mozart Est, Montréal, 514-419-8969, http://nicolatravaglini.com*

Ateliers et cours de cuisine

La Guilde Culinaire du boulevard Saint-Laurent

Bien plus qu'une boutique vendant des livres et du matériel de cuisine, La Guilde Culinaire offre un vaste choix de cours de cuisine tant pour les particuliers que pour les entreprises qui souhaitent passer du bon temps. Des produits alimentaires sont également disponibles, comme ce grand chocolat Barry-Callebault, ou encore des épices comme celles de Philippe De Vienne.

La Guilde Culinaire, *6381 boulevard Saint-Laurent, Montréal, 514-750-6050, www.laguildeculinaire.com*

Ateliers & Saveurs, des cours pour tous

Que ce soit dans le Vieux-Montréal ou à Québec, ce groupe fort sympathique propose des cours de cuisine adaptés au rythme de la vie et de vos finances. Ainsi, il donne des cours aussi bien sur les vins que sur la cuisine, abordant des thèmes diversifiés qui vont de la cuisine asiatique aux grands classiques (français, italiens et autres). Entre midi et 13h, on cuisine et on mange.

Ateliers & Saveurs, *444 rue Saint-François-Xavier, Montréal, 514-849-2866, www.ateliersetsaveurs.com*

L'Atelier culinaire du DIX30

Dans ce grand centre commercial qu'est le Quartier DIX30, l'Atelier culinaire offre une grande diversité de cours pour tous les âges et adaptés à toutes les bourses et à toutes les occasions. Les cours de cuisine (pâtisserie, chocolaterie et autres) se donnent dans un environnement moderne et bien outillé. À découvrir.

Atelier culinaire, *8900 boulevard Leduc, local 40, Brossard, 450-656-6161, http://aculinaire.com*

In vino veritas

C'est sans aucun doute une grande référence pour ceux ou celles qui souhaitent suivre des cours ou encore se perfectionner avec les plus grands spécialistes d'ici. On propose des cours de différents niveaux, tant pour les débutants que pour ceux qui désirent, par exemple, approfondir leurs connaissances des vins du Nouveau Monde.

L'Amicale des Sommeliers du Québec, *les lieux où se tiennent les cours varient, 514-522-7020, www.amicaledessommeliers.com*

Boucheries, charcuteries et poissonneries

De la viande de bœuf mûrie à point

Un vrai boucher à l'ancienne qui coupe la viande au fur et à mesure et qui vous la sert dans du papier pêche comme autrefois. On se croirait dans un roman télé, mais tout cela est pourtant bien réel, et la viande de bœuf servie compte parmi ce que l'on trouve de mieux au Québec. Bœuf mûri de 40 à 100 jours en armoire spéciale. Avec son fils, Marc Bourg nous redonne le goût des boucheries d'antan et une nostalgie que les grandes chaînes ont malheureusement fait disparaître.

Le Marchand du Bourg, *1661 rue Beaubien Est, Montréal, 514-439-3373, www.marchanddubourg.com*

Claude et Henri, pareil comme avant

Il ne faut pas négliger le deuxième étage du marché Atwater, qui est avant tout l'espace des boucheries. Claude et Henri offrent ce qui se fait de mieux en matière de choix de viandes et de volailles, mais proposent aussi du foie gras, des pâtés et d'autres préparations, et encore plus durant le temps des Fêtes.

Boucherie Claude et Henri, *marché Atwater, 138 avenue Atwater, Montréal, 514-933-0386*

La Boucherie de Tours de Pierrot

Dans son tout petit coin du deuxième étage au marché Atwater, Pierrot Fortier, ce grand professionnel de la boucherie, a su se forger une clientèle qui ne jure que par lui. Veau de lait, viande mûrie, foie gras ou os à moelle, chez lui tout est possible. Réservez votre pot-au-feu, une macreuse pour braiser, ou encore de belles pommes de ris de veau à cuisiner avec des morilles ou chanterelles du Québec.

Boucherie de Tours, *marché Atwater, 138 avenue Atwater, Montréal, 514-931-4406, www.boucheriedetours.ca*

Un maître de la viande et de l'épicerie dans NDG

Quelle belle boutique que celle du Maître Boucher de l'avenue de Monkland dans le quartier Notre-Dame-de-Grâce. On y trouve bien entendu un choix incroyable de coupes de viandes et d'excellentes charcuteries, mais aussi des produits locaux et importés, une section fruits et légumes et des fromages fins. Grand choix d'huiles d'olive, de vinaigres fins et bien plus encore.

Le Maître Boucher, *5719 avenue de Monkland, Montréal, 514-487-1437*

Les charcuteries de Benoît

Benoît Tétard, c'est un vrai charcutier de métier qui charcute pour nous le meilleur du cochon, de la tête à la queue. Il fait des saucisses chipolatas, mais aussi un jambon comme autrefois ou encore du vrai bon boudin au sang de porc. On peut également apprécier son foie gras de canard au torchon en tout temps et d'oie durant les Fêtes, et de bons petits plats cuisinés pour tous les instants.

La Queue de Cochon, *6400 rue Saint-Hubert, Montréal, 514-527-2252*

Du poisson frais et des huîtres

Établie sur l'avenue du Parc, voici certainement l'une des meilleures poissonneries de Montréal. Le poisson y est toujours frais, et on y trouve un des meilleurs saumons fumés du Québec, des huîtres et, en saison, du homard des Îles et du crabe des neiges. L'épicerie fine Délices Falero se trouve au-dessus de la poissonnerie.

Nouveau Falero, *5726-A avenue du Parc, Montréal, 514-274-5541, www.falero.ca*

La poissonnerie de Saint-Lambert

Installée ici depuis plus de 40 ans, la Poissonnerie René Marchand est une institution de l'avenue Victoria à Saint-Lambert. On y trouve une grande variété d'huîtres, divers coquillages, des arrivages de poissons frais tous les jours, du saumon fumé maison, des plateaux de fruits de mer et une grande gamme de produits d'épicerie liés à l'apprêt des produits marins. À découvrir, les langoustines d'Islande et les crevettes d'eau froide.

Poissonnerie René Marchand, *1455 avenue Victoria, Saint-Lambert, 450-672-1231, www.poissonneriemarchand.com*

La Mer qu'on voit danser sur l'avenue Papineau

Normand Laprise et une multitude de chefs renommés viennent y acheter leur poisson, leur crabe mou, ou encore parfois leurs écrevisses, leurs sardines du Portugal ou leur saumon biologique. En plus d'être une épicerie où l'on trouve des produits aussi bien de France que d'Italie et du Japon, la Poissonnerie La Mer offre un grand choix d'huîtres en provenance de partout dans le monde, des couteaux, des palourdes, des crevettes... et le meilleur poissonnier marocain pour préparer sur mesure votre poisson.

Poissonnerie La Mer, *1840 boulevard René-Lévesque Est (angle avenue Papineau), Montréal, 514-522-3003, www.lamer.ca*

Les meilleures viandes de gibier à Montréal

C'est la place à Montréal pour avoir le meilleur choix de gibiers d'élevage, de volailles, de foies gras, ou encore, durant le temps des Fêtes, pour s'offrir les tourtières de Madame Fernando. On y trouve également des fonds de gibier, du lapin et, mieux encore, des spécialités portugaises, un pays que Fernando affectionne à travers ses souvenirs d'enfance. À découvrir : le pigeon, le cerf de Boileau et la gentillesse de Christian et Fernando.

Volailles et Gibiers Fernando, *116 rue Roy Est, Montréal, 514-843-6652*

La boucherie de Longueuil

C'est une belle famille qui s'occupe avec brio de cette boucherie et épicerie fine. On y trouve de tout, mais ce sont avant tout les produits de qualité en épicerie et les coupes de viande qui attirent les amateurs dans ce commerce d'exception.

Aux saveurs des Sévelin, *1575 boulevard Jacques-Cartier Est, Longueuil, 450-448-3918, www.boucheriesevelin.com*

Boulangeries, pâtisseries (et les meilleurs croissants!)

Le meilleur gâteau breton en ville

Sur le Plateau Mont-Royal, les effluves de sucre, de beurre et de confitures s'échappent jusque dans la rue. Le kouign-amann, ce gâteau au beurre comme seuls savent le faire les « vrais » boulangers bretons, est ici un pur régal. Bien préparé, il se laisse savourer, tout comme les croissants, les financiers ou les fars au pruneaux, dont seuls les Bretons (vive les chapeaux ronds!) ont encore le secret.

Boulangerie Pâtisserie Au Kouign-Amann, *322 avenue du Mont-Royal Est, Montréal, 514-845-8813*

Du pain de maïs et des natas chez les Portugais

José Luis Pata est un amoureux du travail bien fait. Il en témoigne le bien-fondé dans sa boutique-boulangerie où chaque jour s'effectue la multiplication des pains. On y trouve du pain au maïs ou au blé, des *natas*, des gâteaux portugais et le petit café que l'on peut consommer sur place en feuilletant les nouvelles du pays.

Les Anges Gourmets, *4247 boulevard Saint-Laurent, Montréal, 514-281-6947*

Les comptoirs boulangers Arouch

Ce sont de petits comptoirs gourmands où l'on fait des repas faciles et simples à manger avant le cinéma ou le travail. On y vend notamment ces petites croûtes qu'on appelle des *lahmajoun* et qui ressemblent à des pizzas ou pissaladières remplies et garnies de saveurs du Moyen-Orient. Garnies de viandes ou encore de légumes, elles sont vendues à un prix plus que raisonnable. Cette entreprise familiale qui existe depuis 1978 bénéficie désormais de quatre comptoirs de boulangeries où il est possible aussi d'acheter des desserts arméniens. Produits végétariens disponibles.

Arouch, *917 rue Liège Ouest, Montréal, 514-270-1092,*
www.arouch.com, plus deux autres succursales à Montréal et une à Laval

Le meilleur gâteau aux fruits qui existe

Nul doute, voilà le meilleur gâteau aux fruits de Montréal. Ken Ilasz est un passionné qui témoigne du bien-fondé de sa boulangerie en produisant des milliers de gâteaux aux fruits qu'il vend sur place, mais aussi au Japon et dans de grandes boutiques d'alimentation à travers la planète. Un produit d'exception qui mérite son pesant d'or, ou d'argent!

Boulanger Bassin B&B, *4293 rue De Brébeuf, Montréal, 514-525-0854,*
www.kensfruitcake.com

Les macarons du Point G

Attention ne vous y trompez pas. Ici. « Point G » signifie Point Gourmand. On y fabrique des milliers de macarons, avec même votre photo dessus si vous le voulez, mais aussi d'excellentes glaces dont une à l'érable absolument sublime. D'une grande finesse, les produits s'affichent en couleurs flamboyantes dans la vitrine du commerce qui attire les regards de la rue.

Boutique Point G, *1266 avenue du Mont-Royal Est, Montréal,*
514-750-7515, www.boutiquepointg.com

L'Amour du pain à Boucherville

Le chef boulanger Michel fait un excellent travail et offre toujours sa fameuse baguette Rétro d'Or faite avec de la farine française. Il propose aussi la Bouchervilloise (un pain au levain) et des croissants parmi les meilleurs de Montréal (Rive-Sud incluse!), de même que des brioches maison et souvent de petites spécialités que l'on découvre surtout la fin de semaine. Aussi, quelques charcuteries, fromages et pâtisseries qui mériteraient mieux dans un tel endroit.

Boulangerie L'Amour du pain, *393 rue Samuel-de-Champlain, Boucherville, 450-655-6611, www.lamourdupain.com*

Du très bon pain du côté d'Hochelaga-Maisonneuve

Un excellent boulanger qui est devenu l'un des premiers fournisseurs des bons restaurants de la ville. On aime y acheter sa baguette, son pain de campagne, ou encore sa fougasse aux olives préparée avec de l'huile d'olive. Depuis peu, Arhoma a ouvert au coin des rues Papineau et Ontario une nouvelle boulangerie (La Fabrique) avec plus d'espace pour consommer sur place, une épicerie fine et encore plus de produits de boulangerie et de pâtisserie et un superbe choix de fromages.

Boulangerie Arhoma, *15 place Simon-Valois, Montréal, 514-526-4662, www.arhoma.ca*

La Fabrique Arhoma, *1700 rue Ontario Est, Montréal, 514-598-1700*

Pour découvrir la vraie tarte tropézienne

La pâtisserie Marius et Fanny de Marc Chiecchio n'en est pas à ses premières armes. Ancien chef de la Pâtisserie de Gascogne à Montréal, il navigue désormais à son compte dans trois pâtisseries dans la grande région de Montréal. Il faut essayer sa tarte tropézienne, ses babas au rhum ou ses chocolats fins et nougats.

Marius et Fanny, *4439 rue Saint-Denis, Montréal, 514-844-8247, www.mariusetfanny.com, plus une autre succursale à Montréal et à Laval*

Le grand pâtissier de Longueuil

Jean-François Mertz est un Compagnon du Tour de France qui sait perpétuer la tradition des grandes pâtisseries de comptoir que l'on nomme millefeuille, saint-honoré ou baba au rhum. À découvrir, son entremets à l'érable et aux pommes. On peut aussi casser la croûte avec des sandwichs, des quiches et un certain choix quotidien de plats cuisinés faits maison. Le tout sous la supervision de sa conjointe Lise.

Ô Gâteries, *364 rue Saint-Charles Ouest, Longueuil, 450-674-8400, www.ogateries.com*

Du pain, du bon café et du plaisir dans le Vieux

Pas très loin du musée de Pointe-à-Callière, on trouve Olive + Gourmando. J'aime cette épicerie-resto-boulangerie aux effluves de café et de pain chaud. On peut y manger un merveilleux sandwich, un croissant frais, des brownies et plus encore. Un régal pour les amateurs de plats simples, toujours frais et de bon goût.

Olive + Gourmando, *351 rue Saint-Paul Ouest, Montréal, 514-350-1083, www.oliveetgourmando.com*

La meilleure baguette qui existe

Installés à Mont-Saint-Hilaire sur la Rive-Sud de Montréal, les deux associés boulangers derrière la boulangerie Le Pain dans les voiles réalisent des prouesses en nous servant, outre un superbe pain de campagne façon Poilâne, des baguettes et pains au levain, mais aussi des croissants au beurre d'une qualité irréprochable. Ils ont ainsi gagné en France, lors d'un concours international sur le pain, le deuxième prix pour leur baguette. Désormais, et c'est tant mieux, on retrouve aussi Le Pain dans les voiles dans le quartier Villeray, proche du marché Jean-Talon, avec les mêmes recettes et, en plus, de magnifiques pizzas cuites sur la sole du four.

Le Pain dans les voiles, *250 rue Saint-Georges, Mont-Saint-Hilaire, 450-281-0779; 357 rue De Castelnau Est, Montréal, 514-278-1515*

L'histoire de la pâtisserie à Montréal

Elle demeure incontournable, cette pâtisserie fondée par Francis Cabanes en 1957 et reprise par Jean-Michel, le fils. Cette succursale de l'avenue Laurier a su s'adapter au modernisme de la vie tout en conservant certains succès de la maison. Le moka est toujours aussi bon, l'opéra est un vrai opéra, et les cannelés de Bordeaux sont parmi les meilleurs du Québec. Salon de thé, sandwichs et plats du jour.

Pâtisserie de Gascogne, *237 avenue Laurier Ouest, Montréal, 514-490-0235, www.degascogne.com, plus quatre autres succursales dans la région de Montréal*

La meilleure galette des Rois à Montréal

Croyez-le ou non, je suis amateur de bon feuilletage et de galette des Rois. Seulement, j'aime quand le feuilletage goûte le beurre, que la crème d'amandes est fine et goûteuse, et que l'ensemble est identique d'une fois à l'autre. C'est à force d'y goûter que j'ai trouvé à la Pâtisserie de Nancy, dans le quartier de Notre-Dame-de-Grâce, la meilleure galette des Rois en ville. Le roi est mort, vive la reine!

Pâtisserie de Nancy, *5655 avenue de Monkland, Montréal, 514-482-3030*

Une très grande pâtissière sur le Plateau

La Pâtisserie Rhubarbe, c'est dans le moment la meilleure pâtisserie de Montréal. Stéphanie Labelle est une fée du sucré qui a au préalable travaillé en Europe chez les plus grands pâtissiers de l'heure. On aime son feuilletage. Sa brioche feuilletée qui goûte le beurre est unique, et ses entremets sont d'une légèreté coupable; bref, sa pâtisserie est sans aucun doute un aller sans retour vers le purgatoire.

Pâtisserie Rhubarbe, *5091 rue De Lanaudière, Montréal, 514-903-3395, www.patisserierhubarbe.com*

―――――――

Les meilleurs bagels

C'est vraiment une question de goût que de choisir ses *bagels* entre ceux de l'avenue Saint-Viateur et ceux de l'avenue Fairmount. Pour ma part, j'aime bien discuter le bout de gras avec les boulangers de St-Viateur et leur patron lorsqu'il quitte sa Floride pour Montréal. Depuis 1957, ils proposent la même recette de *bagels* roulés à la main, ébouillantés, puis cuits au four à bois. Les meilleurs, au sésame ou à l'oignon, sont bons quand ils sont encore chauds et garnis de fromage à la crème et de saumon fumé.

St-Viateur Bagel Shop, *263 avenue Saint-Viateur Ouest, Montréal, 514-276-8044, www.stviateurbagel.com (ouvert 24 heures)*

―――――――

Les croissants des copains

Une boutique tout en longueur, presque cachée sur l'avenue du Mont-Royal, mais quelle surprise quand vous la découvrez. Des viennoiseries divines qui goûtent le beurre comme il se doit. Fines, croustillantes, on en redemande. Très bons pains et pâtisseries, ainsi qu'une petite boutique d'épicerie fine. Autres succursales dans la rue Rachel et la rue Masson.

Les Co'Pains d'Abord, *1965 avenue du Mont-Royal Est, Montréal, 514-522-1994, plus deux autres succursales à Montréal*

―――――――

Ils sont fous, ces desserts

Pour un grand nombre de consommateurs, ce sont les meilleurs croissants de Montréal que nous propose la pâtisserie Fous Desserts de l'avenue Laurier. Ce sont, il est vrai, des croissants qui sont bien feuilletés et qui goûtent le beurre; on se croirait chez Lenôtre ou chez Fauchon à Paris, mais on est bien à Montréal. Très bons entremets et sablés au gruet de cacao.

Fous Desserts, *809 avenue Laurier Est, Montréal, 514-273-9335, www.fousdesserts.com*

La croûte de Joe

J'aime ce gars, ce boulanger sympathique qui nous accueille chaque matin dès 6h30 dans sa boutique du marché Jean-Talon. Il vend son pain au poids et travaille son levain avec talent. Sa fougasse aux olives noires, son pain de méteil, ou encore son fameux pain aux châtaignes, sont tous absolument divins. Si vous en avez la chance, découvrez la brioche au beurre qu'il fabrique la fin de semaine. Joe, alias Daniel, est un passionné qui saura vous séduire.

Joe la Croûte, *7024 avenue Casgrain, Montréal, 514-272-9704, www.joelacroute.com*

Cabanes à sucre

La cabane à sucre de Martin Picard

En fait, elle se nomme la Cabane à sucre Au Pied de Cochon, et elle connaît un succès sans précédent qui permet à Maître Picard de bien vivre son printemps des sucres. La nourriture plus que copieuse est riche, bonne et cochonne, car ici le porc prend toute son importance. Réservations obligatoires longtemps à l'avance pour espérer obtenir une place.

Cabane à sucre Au Pied de Cochon, *11382 rang de la Fresnière, Saint-Benoît-de-Mirabel, 450-258-1732, www.cabaneasucreaupieddecochon.com*

La cabane du Pic Bois des Pollender

Il n'en reste plus beaucoup, des cabanes familiales avec des érables centenaires, une bonne cuisine maison du temps des sucres, et surtout un esprit convivial qui réjouit l'âme et le cœur. Les Pollender font un superbe sirop, et mieux encore un vinaigre d'érable encore non égalé sur le marché. Pour en profiter, il vous faudra partir sur la Route des vins près de Bromont.

Cabane à sucre du Pic Bois, *1468 chemin Gaspé, Brigham, 450-263-6060, www.cabanedupicbois.com*

Chocolateries

Un très grand chocolatier

Christophe Morel est sans aucun doute le magicien du chocolat à Montréal. À quand sa propre boutique, à celui qui fournit une quantité de restaurants, d'hôtels, de pâtissiers et de chocolatiers à travers la province ? Ce maître à penser joue avec les fèves dont les plus grandes proviennent du Pérou, de Cuba ou de découvertes de crus qu'il fait régulièrement. Il conjugue les mélanges sans jamais faire défaut. Plus que ça, Morel offre avec le Point G les meilleurs macarons du Québec. Bonbons, moulages et créations spéciales sont également disponibles en commandes privées.

Christophe Morel Chocolatier, *produits disponibles dans plusieurs commerces au Québec; pour info, visitez le www.morelchocolatier.com*

Chloé, la petite chocolatière du Plateau

Chloé s'affiche sans prétention dans sa petite boutique de l'avenue Duluth. Une mini-boutique certes, mais un talent immense. Il faut goûter à son caramel au sel de Guérande, à ses bonbons aux épices comme au piment d'Espelette, à la lavande ou à l'érable. Chloé est aussi fascinante pour organiser des dégustations et même des cours sur le chocolat.

Les Chocolats de Chloé, *546 avenue Duluth Est, Montréal, 514-849-5550, www.leschocolatsdechloe.com*

Crêpes et sandwichs

Où trouver de merveilleux petits sandwichs vietnamiens

Au cours de mes voyages au Vietnam, j'ai découvert ces petits sandwichs tantôt fabriqués avec un pain de mie au lait, tantôt avec un pain qui ressemble plus à la baguette. Au Vietnam, on peut les acheter dans la rue, mais à Montréal il faut venir au comptoir Banh Mi Cao Thang et choisir sur l'affiche son choix de sandwichs au poulet, végétariens ou autres. Il est aussi possible ici de trouver d'autres plats vietnamiens comme des *nem*, des rouleaux de printemps et même des soupes *phô* certains jours.

Bahm Mi Cao Thang, *1082 boulevard Saint-Laurent, Montréal, 514-392-0097*

———

La crêperie du marché Jean-Talon

Jérôme, le crêpier de service, est sans aucun doute un passionné. Il aime la Bretagne qui lui a tout appris sur les crêpes et galettes. Tous les jours, il nous fait partager ses passions, quelquefois ses contraintes, mais dans tous les cas, il sait nous régaler avec ses galettes de sarrasin et ses crêpes de froment qu'il garnit soit de fromage, de fruits de mer, de caramel à la fleur de sel ou des produits qu'il découvre sur le marché. Salées ou sucrées, tout est permis. Jérôme sert aussi depuis peu des crêpes ou galettes avec farine sans gluten : avis aux intéressés.

Crêperie du Marché, *marché Jean-Talon, 7070 avenue Henri-Julien, Montréal, 514-238-0998, www.creperiedumarche.com*

———

Un super-sandwich à la viande fumée

Facile chez Reuben's de prendre un petit encas sur le pouce tel un sandwich à la viande fumée ou encore un *cheesecake* étagé aux fraises qui suffit à lui seul à boucher une dent creuse.

Reuben's Delicatessen, *888 rue Sainte-Catherine Ouest, Montréal, 514-861-1255, www.reubensdeli.com*

———

Les sandwichs façon Claude

Tout petit comme un mouchoir de poche avec trois ou quatre tables à peine, il faut découvrir ce coin caché de l'avenue de Monkland. Le chef et unique personne qui travaille ici se nomme Claude. Chaque jour, il propose des potages ou soupes du moment, un magnifique *grilled cheese*, des sandwichs au porc rôti ou au canard confit, et de chouettes petits desserts qui savent nous réconcilier avec le péché, celui de la gourmandise.

Claude Cuisine, *5688 avenue de Monkland, Montréal, 514-484-4000, www.claudecuisine.com*

Épiceries et marchés

Une multitude de saveurs et de plaisirs à découvrir

Voici une boutique attirante où l'on trouve aussi bien de bons sandwichs au homard que des salades ou des soupes exotiques à emporter, mais aussi une pâtisserie, des cours de cuisine et une épicerie fine proposant entre autres des huiles d'olive, des produits surgelés et frais et du foie gras de canard bien préparé. Une découverte intéressante sur le boulevard Saint-Laurent.

Les Agitateurs Gourmands, *6522 boulevard Saint-Laurent, Montréal, 514-276-2513, www.lesagitateursgourmands.ca*

Heureux qui comme Alexis!

Comme le serait Alexandre le bienheureux, Alexis est heureux dans sa nouvelle boutique gourmande qui sait nous réjouir et nous faire saliver. On y trouve les meilleurs produits, y compris des viandes mûries à point, de grandes huiles d'olive, des légumes bios, et plus encore.

Alexis Le Gourmand, *1407 rue Saint-Jacques, Montréal, 514-935-7676, www.alexislegourmand.com*

L'épicerie du Cartet de la rue McGill

On pourrait s'imaginer être à Tokyo, Paris ou Chicago. Une épicerie toute refaite, moderne et urbaine, où l'on trouve aussi bien de bonnes huiles d'olive et des eaux minérales importées que des plats préparés pour emporter. Mais rien ne vaut un bon café et un sandwich à l'une des grandes tables de bois du Cartet à l'heure du lunch.

Le Cartet, *106 rue McGill, Montréal, 514-871-8887, www.lecartet.com*

Les Douceurs du marché Atwater

Cette fois, c'est au marché Atwater que ça se passe. Une vraie caverne d'Ali Baba où l'on trouve les meilleurs produits d'importation qui existent sur la planète, dont un grand choix d'huiles d'olive, de vinaigres balsamiques, de produits d'Orient et d'épices. Il n'existe plus de fond dans cette charmante boutique où il faut parfois, même en semaine, jouer du coude. Erica est la gérante dynamique qui connaît tout ou presque sur la gastronomie.

Les Douceurs du marché, *marché Atwater, 138 avenue Atwater, Montréal, 514-939-3902*

Du vrai chorizo dans une vraie épicerie portugaise

J'aime cette épicerie unique pour trouver des produits d'importation du Portugal certes, mais surtout pour acheter le meilleur chorizo au Québec que l'on fabrique directement sur place. L'épicerie-boucherie Soares & Fils fournit la moitié des épiceries et boucheries fines de Montréal et des alentours, mais aussi les bons restaurants portugais.

Épicerie Soares & Fils, *130 avenue Duluth Est, Montréal, 514-288-2451*

Une bien belle épicerie

Fou d'ici est une épicerie fine située en plein cœur du Quartier des spectacles qui présente des produits bios d'ici et des plats à emporter signés Daren Bergeron, le chef du Decca 77. Pâtes farcies, champignons, viandes, poissons, sushis, pain frais de L'Amour du pain... on salive en entrant et le portefeuille devient plus léger à sa sortie. Ici on trouve de tout, même des amis!

Fou d'ici, *360 boulevard De Maisonneuve Ouest, Montréal, 514-600-3424, www.foudici.com*

Marc du Fouvrac

On ne peut pas vivre à Montréal, dans la rue Fleury ou sur l'avenue Laurier, sans connaître cette belle épicerie de quartier. Divers produits de qualité et un très grand choix de thés, de cafés et d'huiles d'olive s'y trouvent pêle-mêle avec des savons, des chocolats et de beaux objets pour les arts de la table. Marc, quand il est présent, vous expliquera sa philosophie de la vie. Après lui, le déluge!

Le Fouvrac, *1451 avenue Laurier Est, Montréal, 514-522-9993; 1404-A rue Fleury Est, Montréal, 514-381-8871; www.fouvrac.com*

L'épicerie de Monsieur Dad

Dans Outremont à proximité de chez Leméac, on trouve l'épicerie Gourmet Laurier. On y découvre aussi bien des bêtises de Cambrai que du cacao Banania, ou encore du foie gras de canard, du prosciutto d'Italie et de magnifiques fromages du Québec ou importés. Vraiment une épicerie pas comme les autres.

Gourmet Laurier, *1042 avenue Laurier Ouest, Montréal, 514-274-5601, www.gourmetlaurier.ca*

Un vrai épicier comme on les aime

C'est incontestablement l'épicerie du Plateau et du Mile-End, et l'une des meilleures de Montréal. On y trouve de vrais bouchers qui proposent des viandes de grande qualité et mûries jusqu'à 45 jours, du bon boudin noir, un grand choix de fromages fins et d'huiles d'olive, des fruits et légumes avec une belle variété de champignons sauvages, mais aussi des produits uniques importés ou locaux comme le sirop d'érable de Monsieur Courville du Domaine Les Brome en Estrie. Livraison partout dans la région de Montréal.

Latina, *185 avenue Saint-Viateur Ouest, Montréal, 514-273-6561, www.chezlatina.com*

Une épicerie dans le Vieux-Montréal

On pourrait se croire aux anciennes Halles de la Villette à Paris dans cette charcuterie-épicerie aux accents français. Un grand choix de produits d'épicerie fine et de très bons fromages s'ajoute aux grandes charcuteries que vend cette boutique où manger est un acte de civisme. Quelques tables pour consommer et pousser la chansonnette.

Marché de la Villette, *324 rue Saint-Paul Ouest, Montréal, 514-807-8084*

Un supermarché asiatique où l'on parle le français

Ce supermarché permet de trouver tous les produits chinois et une grande partie des produits asiatiques importés au Canada. Poissons et crustacés frais en vivier, légumes et fruits importés, produits secs et grand choix de sauces pour préparer les différentes cuisines asiatiques.

Marché G&D, *1006 boulevard Saint-Laurent, Montréal, 514-397-8828*

Le petit marché de la rue Amherst

Installé dans un immeuble historique qui revit, le marché Saint-Jacques demeure un chouette petit marché de quartier. On y trouve les fleurs comme jadis l'été, mais toute l'année une myriade de petits marchands qui savent fort bien nous faire saliver. Un renouveau déjà bien amorcé avec les commerçants présents, mais qui, il faut l'espérer, continuera à faire des petits.

Marché Saint-Jacques, *2035 rue Amherst, Montréal, 514-598-9449, http://marchesaint-jacques.ca*

Une vraie épicerie japonaise

Tout ou presque de ce qui vient de l'empire gourmand du Soleil levant est présent dans cette épicerie japonaise de la rue Victoria. *Tobiko* (œufs de poissons volants), algues de toutes sortes, plusieurs variétés de thés verts, cuiseurs à riz, tamis ou mandolines à découpe, bref, voilà l'idéal pour ceux qui aiment comme moi cette grande cuisine du monde.

Miyamoto Épicerie Fine Japonaise, *382 avenue Victoria, Westmount, 514-481-1952*

Faire son épicerie sur le Vieux Continent

On pourrait effectivement se croire dans une épicerie de Lisbonne, de Madrid ou de Bruxelles. Un vrai régal pour les amateurs de fromages, de bonnes charcuteries ou encore de produits fins d'épicerie. Huiles d'olive de qualité, très bons vinaigres, et une foule de «bébelles» gourmandes que l'on veut acheter à tout prix. Paul, le maître des lieux, saura vous convaincre que la gourmandise est loin d'être un péché.

La Vieille Europe, *3855 boulevard Saint-Laurent. Montréal, 514-842-5773*

Un hommage aux saveurs d'ici et d'ailleurs

C'est sans aucun doute la plus grande concentration de produits d'ici que l'on retrouve au Marché des Saveurs du marché Jean-Talon. Presque tout l'agroalimentaire du Québec y est présent : bières de microbrasseries, cidres de glace et vins de la Route des vins, produits de l'oie et du canard, charcuteries et fromages, ainsi qu'un grand choix de produits de l'érable et de miels locaux.

Le Marché des Saveurs du Québec, *marché Jean-Talon, 280 place du Marché-du-Nord, Montréal, 514-271-3811, www.lemarchedessaveurs.com*

Fromageries

Une boutique, un petit café et un homme passionné qui vend des fromages

Amateur de jasette et de bons fromages, voici l'endroit où aller. En plus de la caverne d'Ali Baba alias Max Dubois, vous découvrez ici un petit resto-bar à vins unique. De la tartiflette à la fondue, tout ici est prétexte pour apprécier saint Uguzon, le saint patron des fromagers. J'y vais pour le grand choix de fromages du Québec, le beurre fermier et les fromages importés et affinés sur place, mais surtout pour la bonne humeur qui règne dans les lieux. Vins fins d'importation à consommer en mangeant.

L'échoppe des fromages, *12 rue Aberdeen, Saint-Lambert, 450-672-9701, www.lechoppedesfromages.com*

La Fromagerie Atwater de Gilles Jourdenais

C'est le premier endroit ouvert par Gilles Jourdenais, et selon moi, le plus intéressant. Les employés présents depuis longtemps connaissent bien les clients et peuvent les diriger vers des choix particuliers. Très bon choix de fromages du Québec ou importés, bières locales et de bonnes charcuteries. Durant les Fêtes, arrivages spéciaux de vacherin Mont d'Or, stiltons et autres merveilles à découvrir.

Fromagerie Atwater, *marché Atwater, 134 rue Atwater, Montréal, 514-932-4653, www.fromagerieatwater.ca*

Hamel, la référence fromagère

Avec plusieurs boutiques, Hamel est devenue une grande référence en ce qui concerne les fromages au Québec. L'entreprise bénéficie de caves d'affinage, et surtout d'une vaste expérience en ce qui concerne les fromages au lait cru, importés, autant que les fromages issus du Québec. Maintenant on vend à la boutique du marché Atwater la moutarde fraîche de Maille et une sélection de moutardes aromatiques uniques. Préparation de plateaux de fromages pour événements, cours, etc.

La fromagerie Hamel, *marché Jean-Talon, 220 rue Jean-Talon Est, Montréal, 514-272-1161; marché Atwater, 138 avenue Atwater, Montréal, 514-932-5532, www.fromageriehamel.com; plus trois autres succursales à Montréal et une à Repentigny*

Yannick, le fromager d'exception

Monsieur Achim, Yannick de son prénom, est un véritable artiste du fromage. Avec ses autres fromageries de Saint-Jérôme et de Québec, il rayonne à travers la province. Sur l'avenue Bernard à Montréal, on découvre chaque semaine les nouveaux arrivages d'Espagne, du Portugal, de France et d'Italie, mais aussi ses coups de cœur des fromagers d'ici. À découvrir aussi, le beurre d'Isigny, le gruyère de grotte de trois ans et le fromage blanc.

Yannick Fromagerie d'exception, *1218 avenue Bernard, Montréal, 514-279-9376, www.yannickfromagerie.ca*

La Baie des Fromages

Également une épicerie italienne et une charcuterie, cette fromagerie sait vraiment nous faire saliver. Le *papa*, ses filles et tous les employés s'unissent pour nous faire apprécier la Calabre et l'Italie au grand complet. On y vend le *parmigiano* le moins cher de Montréal ainsi que de la mortadelle, du jambon cuit et de la *porchetta* qui arrivent directement d'Italie, sans oublier les huiles fines que les deux filles importent pour le magasin et de nombreux autres commerces de Montréal. Vous ne pourrez pas vous en passer, c'est trop bon!

La Baie des Fromages, *1715 rue Jean-Talon Est, Montréal, 514-727-8850, www.labaia.ca*

Fruiteries

Les fruits et légumes de Nino au marché Jean-Talon

Que ferons-nous sans Nino? Heureusement, son esprit demeure même si Patricia Masbourian est désormais la propriétaire des lieux. Elle a su avec brio perpétuer ce que son mentor, aujourd'hui retraité, lui avait appris. On trouve notamment dans sa fruiterie une grande variété de champignons sauvages, des oranges sanguines de Sicile ou de Séville pour les confitures, des dattes fraîches et du poivre vert, mais aussi un superbe choix d'huiles d'olive de grande qualité. Plus encore, l'été chez Nino, les bananes poussent sur les poteaux électriques.

Chez Nino, *192 place du Marché Nord, marché Jean-Talon, Montréal, 514-277-8902*

Jacques et Diane au marché Jean-Talon

Dès que les premiers rayons de soleil annoncent le printemps, Jacques Rémillard et Diane Tisseur font leur apparition au marché Jean-Talon en proposant pas moins d'une centaine de fines herbes en pot et des plants de légumes qui seront, lorsque arrivés à maturité, eux-mêmes vendus durant tout l'été. Des légumes oubliés et uniques que l'on cultive en famille avec un respect de la nature et des clients choyés que nous sommes. À découvrir, les multiples variétés de carottes, de betteraves et de tomates, les salsifis frais et les petits haricots verts extrafins, sans oublier les pommes de terre et les petits oignons qui nous font tellement apprécier l'été au marché.

Ferme Jacques et Diane, *marché Jean-Talon, kiosque 192, 7070 avenue Henri-Julien, Montréal, www.jacquesetdiane.com*

Val-Mont, une constance de qualité

Avec ses nombreux magasins au Québec, les consommateurs trouvent leur compte chez Val-Mont. On y propose une variété de produits d'épicerie, de charcuteries, de fromages fins et de pâtisseries, mais surtout un bon choix de fruits et de légumes à prix très abordables. En saison, on savoure ses fraises, bleuets et framboises du Québec, ainsi que ses produits d'érable de grande qualité.

Val-Mont, *2147 avenue du Mont-Royal Est, Montréal, 514-523-8212, www.val-mont.ca*

Glaciers

Le Havre aux Glaces du marché Jean-Talon et du marché Atwater

Ils sont fous, ces deux frères qui nous font découvrir leurs passions pour la glace et le sorbet. Durant la saison estivale, ils n'hésitent pas à mélanger les petits fruits au cidre de glace, ou encore aux épices. Une pure merveille de desserts glacés.

Havre aux Glaces, *toute l'année au marché Jean-Talon, 7070 avenue Henri-Julien, Montréal, 514-278-8696; de mai à octobre au marché Atwater, 138 avenue Atwater, Montréal*

Le Bilboquet et ses glaces

Ils ont longtemps été la seule référence glacière à Montréal. Ils ne sont plus les seuls à nous faire des sorbets et de la bonne crème glacée, mais ils innovent constamment dans le choix des saveurs et des parfums qu'ils utilisent dans leurs recettes. Une très grande qualité que l'on retrouve en magasin parfois, mais surtout dans les différentes boutiques du Grand Montréal.

Le Glacier Bilboquet, *1311 avenue Bernard, Montréal, 514-276-0414, www.bilboquet.ca, plus six autres succursales dans la grande région de Montréal*

Givrés, ils le sont

Installés dans la rue Saint-Denis, ces anciens du Bilboquet proposent leurs sorbets et leurs crèmes glacées exceptionnelles à consommer été comme hiver. Plus encore, vous trouverez également ici de superbes desserts glacés.

Les Givrés, *3807 rue Saint-Denis, Montréal, 514-373-7558, www.lesgivres.ca*

Librairie

La librairie gourmande d'Anne Fortin au marché Jean-Talon

Une librairie pas comme les autres qui rassemble tout ce qui touche les plaisirs gourmands : de la cuisine pâtissière et autres métiers culinaires aux ouvrages historiques traitant de l'alimentation, en passant par tout ce qui peut nous informer sur le vin et les alcools.

Librairie Gourmande, *marché Jean-Talon, 7070 avenue Henri-Julien, Montréal, 514-279-1742, www.librairiegourmande.ca*

Maison de thé

La référence en matière de thé

Voici une grande maison de thés. Chaque année lors de la cueillette des thés de printemps, les propriétaires se rendent en Asie pour rapporter de beaux trésors. Ils proposent des cours, des dégustations et offrent en boutique les meilleurs thés du monde.

Camellia Sinensis, *351 rue Émery, Montréal, 514-286-4002;*
marché Jean-Talon, 7010 avenue Casgrain, Montréal, 514-271-4002;
http://camellia-sinensis.com

Traiteurs

Un traiteur d'exception

C'est incontestablement le traiteur de l'heure à Montréal. Son personnel offre une qualité hors norme et fait preuve d'audace et de grand professionnalisme. Doté d'une cuisine laboratoire et d'une très grande cuisine de production qui permet de servir tous les jours plus de 1 000 personnes, Avocado rayonne de créativité et de bon goût.

Avocado Traiteur, *6993 avenue Christophe-Colomb, Montréal,*
514-868-6363, www.avocadotraiteur.com

Le traiteur du Vieux-Montréal

Pierre Carrier et son épouse, Jacqueline Besson, ont gagné leurs galons au fur et à mesure des années et sont désormais bien implantés sous plusieurs bannières. Traiteurs du Cirque du Soleil et du Festival Juste pour rire, ils offrent un service personnalisé adapté aux besoins de chacun, que ce soit pour un repas en amoureux ou un grand rassemblement de plus de 1 000 personnes. Pierre et Jacqueline ont transmis le flambeau à leur fils, qui perpétue la tradition et innove comme l'avait fait son père 20 ans auparavant.

Agnus Dei, *530 rue Bonsecours, Montréal, 514-866-2323,*
www.agnusdei.ca

On traite bien les gens à Verdun

Voici un traiteur très avant-gardiste qui propose des repas pour toutes les occasions et toutes les bourses. En plus de ses plats d'une grande originalité, il offre un service à domicile de qualité. Repas en tête-à-tête, cocktails dînatoires ou grands buffets, tout est possible pour eux.

Robert Alexis Traiteur, *3693 rue Wellington, Verdun, 514-521-0816, www.robert-alexis.com*

Pour découvrir la génération montante des chefs

L'école des futurs chefs

L'Institut de tourisme et d'hôtellerie du Québec propose menus et tables d'hôte dans son restaurant du rez-de-chaussée, et ce, du petit déjeuner jusqu'au souper. Étudiants, professeurs et professionnels se relaient afin de nous faire découvrir que cette grande école d'hôtellerie peut nourrir l'âme et le ventre.

Institut de tourisme et d'hôtellerie du Québec (ITHQ), *3535 rue Saint-Denis, Montréal, 514-282-5108, www.ithq.qc.ca*

10 recettes

pour se faire plaisir

Pourquoi vous donner mes recettes alors que des centaines de livres de cuisine envahissent le marché chaque année? La raison est simple, je vous offre ici ce que j'aime le plus cuisiner lorsque je reçois des amis à ma table, dehors l'été avec un barbecue, ou encore de façon simple et conviviale. Soyez rassuré, vous ne trouverez ici point de recettes à rallonge avec des sous-méthodes et des ingrédients rares et parfois difficiles à se procurer.

Le plaisir se conjugue simplement en partageant avec des amis un bon verre de vin, une pizza à croûte mince cuite au four à bois ou au barbecue, un sandwich fait avec du bon pain de chez Joe la Croûte, une tranche de jambon de la ferme Gaspor, une tomate du jardin et un filet de bonne huile d'olive (pour quelques suggestions, voir ma liste p. 218). Alors, savourez en toute simplicité ces instants de bonheur et le plaisir demeurera en vous sans jamais repartir.

Les recettes sont données pour quatre personnes, sauf les beignes et le gâteau aux fruits.

Bavette de bison aux échalotes et au vin rouge

- *600 g de bavette de bison (4)*
- *2 échalotes françaises émincées*
- *45 g de beurre*
- *Matière grasse ou huile pour la cuisson*
- *125 ml de vin rouge*
- *5 g de poivre noir concassé*
- *60 ml de fond de veau ou de bouillon*
- *5 ml de coriandre hachée*
- *Sel au goût*
- *40 g de beurre pour la finition*

Faire fondre le beurre et y faire revenir les échalotes et le poivre concassé durant 2 à 3 minutes.

Ajouter le vin rouge et le bouillon, puis faire réduire le tout de moitié.

Dans une poêle antiadhésive, ajouter un peu de matière grasse ou d'huile et faire cuire rapidement durant 2 minutes la bavette. Saler à la toute fin.

Disposer dans un plat de service.

Réchauffer la sauce, ajouter la coriandre et assaisonner, puis monter au beurre avant de verser la sauce sur la viande.

Ris de veau confits

Comment acheter les ris de veau?

S'assurer qu'ils n'ont pas été congelés depuis longtemps, car le froid les brûle. De préférence, les réserver chez votre boucher 48 heures à l'avance.

Comment les préparer?

Faire tremper les ris à l'avance dans de l'eau courante pendant au moins 1 heure.

Les blanchir à l'eau bouillante vinaigrée (vinaigre d'alcool) et salée durant 8 à 10 minutes.

Dénerver et retirer le gras tout autour, puis presser les ris.

Les braiser ou les cuire à la poêle, puis les servir nature ou accompagnés de sauce.

Recette

- 500 g de ris de veau frais
- 1 bouquet garni
- 1 kg de saindoux
- 1 oignon coupé
- 3 gousses d'ail
- 3 ml de sel de mer

Pour la sauce :
- 30 ml de beurre doux
- 2 échalotes françaises hachées
- 125 ml de vin rouge de Cahors
- 15 ml de poivre noir concassé
- 250 ml de fond de veau
- Les 3 gousses d'ail préalablement confites avec les ris (les écraser pour la sauce)
- 1 tomate bien mûre en dés
- Sel au goût
- 15 ml de beurre pour la finition

Suivre les étapes de préparation des ris qui sont expliquées ci-dessus. Ensuite, dans une casserole épaisse, faire fondre le saindoux et ajouter l'oignon, le bouquet garni, l'ail et le sel.

Cuire les ris blanchis à feu doux dans cette préparation pour les confire durant 1h30 environ.

Les retirer délicatement avec les gousses d'ail et réserver.

Préparer la sauce : dans une casserole, faire revenir au beurre l'échalote et le poivre écrasé pendant 1 minute. Verser le vin rouge et le fond de veau. Faire réduire de moitié, puis ajouter les gousses d'ail écrasées et les dés de tomate fraîche. Assaisonner, puis finir avec une noix de beurre.

Réchauffer directement à la poêle les ris sans gras pendant 1 à 2 minutes pour les faire colorer. Napper de sauce le fond de l'assiette et y déposer les ris de veau. Servir aussitôt.

Betteraves jaunes et blanches à l'érable

- *1 botte de betteraves jaunes*
- *1 botte de betteraves blanches*
- *1 échalote française émincée*
- *1 gousse d'ail hachée*
- *45 ml de beurre*
- *60 ml d'huile d'olive*
- *30 ml de vinaigre d'érable*
- *45 ml de sirop d'érable*
- *5 ml de piment d'Espelette*
- *15 ml de coriandre hachée*
- *Sel au goût*

Brosser les betteraves et les cuire à l'eau bouillante salée. Les découper ensuite en tranches et les faire rôtir au beurre.

Ajouter le sirop d'érable et le piment d'Espelette, puis réserver au frais.

Mélanger l'huile et le vinaigre d'érable avec l'échalote et l'ail, ajouter la coriandre et assaisonner. Ajouter les betteraves et servir tel quel.

Brandade de morue

- *500 g de morue salée sans arête*
- *2 gousses d'ail hachées*
- *2 pommes de terre épluchées et cuites (Idaho ou Yukon Gold)*
- *125 ml d'huile d'olive extra vierge*
- *125 ml de lait chaud*
- *15 ml de persil haché*
- *Poivre du moulin au goût*
- *8 tranches de pain baguette grillées*

Faire dessaler la morue à l'eau froide durant 6 heures en renouvelant l'eau plusieurs fois.

Pocher à l'eau bouillante la morue durant 6 à 7 minutes, puis égoutter et piler au mortier ou au pilon les morceaux de morue.

Faire chauffer sans bouillir l'ail hachée dans l'huile d'olive durant 2 minutes, puis incorporer la morue petit à petit tout en remuant.

Ajouter les pommes de terre écrasées et le lait chaud tout en continuant à assouplir le mélange à l'aide d'une spatule.

Assaisonner, puis servir tel quel ou gratiné avec le persil et les croûtons de pain baguette grillé.

Paella au lapin et aux fruits de mer

- *½ oignon haché*
- *45 ml d'huile d'olive*
- *4 cuisses de lapin*
- *500 ml de riz à grains longs*
- *1,5 l de bouillon de volaille chaud*
- *10 pistils de safran*
- *1 bouquet garni*
- *12 crevettes en écailles crues*
- *4 pattes de crabe*
- *60 ml de petits pois fins surgelés*
- *250 ml de chair de moules bleues crues*
- *Sel et poivre au goût*

Faire chauffer l'huile d'olive dans une casserole et y faire tomber l'oignon pendant 1 minute.

Découper chaque cuisse de lapin en 2 morceaux et les faire revenir dans le mélange d'huile et d'oignon durant 3 à 4 minutes à feu moyen. Retirer les morceaux de cuisses de lapin et les réserver.

Ajouter le riz dans la casserole. Diluer le safran dans le bouillon de volaille déjà chaud, puis verser le bouillon sur le riz. Ajouter un bouquet garni et assaisonner.

Disposer le tout dans une poêle à paella allant au four. Ajouter les crevettes, les pattes de crabe et les moules, puis ajouter les petits pois et le lapin réservé.

Couvrir d'un papier d'aluminium et mettre au four pendant 20 minutes à 375 degrés.

Sortir du four et retirer le papier d'aluminium. Servir aussitôt tel quel.

Crab cakes
à la louisianaise

- *500 g de chair de crabe*
- *2 gousses d'ail*
- *1 oignon haché très finement*
- *1 œuf entier*
- *45 ml de farine*
- *45 ml de sauce béchamel*
- *30 ml de persil plat haché*
- *15 ml de sauce Tabasco*
- *Sel au goût*

Dans un saladier, mélanger tous les ingrédients et bien assaisonner.

Pour la cuisson

- *30 ml de beurre*
- *30 ml d'huile d'olive*
- *Chapelure de pain en quantité suffisante*

Faire chauffer dans une poêle le beurre et l'huile.

Former de petites galettes avec la préparation de crabe et les passer dans la chapelure.

Les faire cuire doucement, puis augmenter le feu de façon progressive.

Servir nature ou avec une sauce aux écrevisses (la sauce Nantua est disponible en épicerie) ou encore une sauce béarnaise.

Fricassée d'escargots aux pâtes et au prosciutto

- *2 tasses de petites pâtes (plumes, pennes, orecchiettes...) déjà cuites al dente*
- *4 douzaines de petits escargots déjà cuits, rincés et épongés*
- *2 échalotes françaises hachées*
- *3 gousses d'ail hachées*
- *1 tomate fraîche épluchée, épépinée et coupée en dés*
- *3 tranches de prosciutto coupées en petits dés*
- *30 ml d'huile d'olive*
- *30 ml de pesto*
- *125 ml de bouillon de bœuf ou de volaille*
- *60 ml de vin blanc ou de vermouth Noilly Prat*
- *60 ml de crème à cuisson 35 %*
- *Sel et poivre au goût*
- *45 ml de parmigiano reggiano pour la finition*

Faire chauffer l'huile d'olive et y faire revenir les escargots avec l'échalote pendant 1 minute.

Ajouter successivement le vin ou le vermouth, le prosciutto, l'ail et la tomate.

Verser le bouillon et le pesto puis la crème. Porter à ébullition.

Ajouter les pâtes et porter de nouveau à ébullition. Assaisonner.

Servir en cocotte ou en assiette et finir avec le parmesan.

Le fameux gâteau aux fruits de Mollé aux figues et au Saint James

pour 2 gâteaux

- 500 g de beurre
- 500 ml de cassonade
- 125 ml de mélasse
- 1 l de farine tout usage
- 5 ml de poudre à pâte
- 5 ml de bicarbonate de soude
- 3 ml de muscade
- 3 ml de cannelle
- 250 g de raisins secs Sultana
- 500 g de figues sèches
- 125 g d'écorces d'orange
- 125 g d'écorces de citron confites
- 150 g de noix hachées
- 125 g de dattes sèches
- 1 bouteille de rhum Saint James

Soixante-douze heures à l'avance, mélanger ensemble les fruits secs et les noix. Verser la mélasse et 500 ml de rhum sur cette préparation.

Battre au mélangeur le beurre avec la cassonade et les épices. Incorporer petit à petit la farine tamisée et déjà mélangée avec le bicarbonate de soude et la poudre à pâte.

Sortir la pâte et incorporer à la main le mélange de noix et de fruits secs au rhum et à la mélasse.

Beurrer deux moules de 500 g et les fariner légèrement. Les remplir aux trois quarts de la préparation et cuire doucement à 300 degrés pendant 2 heures environ. Tester avant de démouler.

Note : *pour imbiber le gâteau qui doit être préparé au moins 1 mois à l'avance, mélanger 250 g de sucre avec 250 ml d'eau et porter à ébullition durant 3 minutes. Ajouter le reste du rhum et imbiber de ce sirop alcoolisé le gâteau entouré de coton fromage durant 5 jours. Ce gâteau peut être préparé 3 mois à l'avance et il n'en sera que meilleur. L'entourer cependant de papier aluminium pour qu'il conserve sa fraîcheur.*

La recette de beignes du chef!

pour environ une trentaine de beignes

- *50 ml de beurre non salé*
- *250 ml de sucre*
- *3 œufs*
- *125 ml de crème 10 %*
- *1 l de farine à pâtisserie*
- *30 ml de poudre à pâte*
- *5 ml de bicarbonate de soude*
- *5 ml de sel*
- *1 pincée de muscade*
- *60 ml de lait*
- *60 ml de babeurre*
- *10 ml d'essence naturelle de vanille*
- *Huile de tournesol pour la friture*
- *60 ml de sucre à glacer pour la finition*

De préférence au batteur, rendre crémeux le beurre mélangé avec le sucre. Ajouter petit à petit le babeurre et les œufs.

Tamiser la farine et y ajouter la poudre à pâte, le sel, la muscade et le bicarbonate de soude. Incorporer la farine en pluie à la première préparation en ajoutant la crème au fur et mesure.

Tout en remuant, lisser la pâte avec le lait et l'essence de vanille, puis laisser reposer de 2 à 3 heures avant d'étaler la pâte au rouleau jusqu'à l'épaisseur de 1 cm.

Découper les beignes à l'emporte-pièce sans oublier de conserver les « trous » (le meilleur!).

Frire durant 2 à 3 minutes les beignes et leurs trous, puis les disposer sur un papier absorbant avant de les saupoudrer de sucre à glacer.

Les beignes peuvent aussi être glacés au miel.

Nage de flétan
à l'eau d'érable

- *4 morceaux de flétan de 160 g chacun*
- *1 l d'eau d'érable pure*
- *1 branche de citronnelle*
- *125 ml de vermouth blanc*
- *1 carotte épluchée et coupée en tranches*
- *2 échalotes françaises hachées*
- *2 branches de persil hachées*
- *12 pistils de safran*
- *1 graine d'anis étoilé*
- *4 œufs de caille*
- *Fleur de sel*
- *Poivre du moulin*
- *15 ml de coriandre hachée*

Faire chauffer l'eau d'érable avec la branche de citronnelle découpée. Ajouter la carotte, l'échalote, l'anis étoilé et le safran. Laisser réduire le tout de moitié, puis ajouter le vermouth blanc et assaisonner.

Retirer la citronnelle et l'anis étoilé, puis ajouter le persil. Pocher le flétan dans ce fumet parfumé durant 3 minutes, puis mettre le poisson au four à température tiède, sur un plat et sans le liquide.

Disposer le poisson dans quatre assiettes creuses. Porter à ébullition le liquide durant 2 minutes et le verser sur le poisson avec les légumes. Casser les œufs de caille sur chaque préparation et ajouter la coriandre hachée.

Servir très chaud.

10 vins
pour se faire plaisir

Le vin fait partie intégrante de la gastronomie, de la fête et de la convivialité. Il est source de plaisir autant que peuvent l'être les aliments choisis pour composer un repas. Le vin peut s'apprécier à toute heure avec ou sans repas. Il répond selon moi aux goûts de chacun, et le meilleur des vins, comme la meilleure des huiles d'olive, est celui qu'on aime. Voici 10 vins que j'affectionne particulièrement, avec quelques suggestions de plats qui seront en accord.

Les millésimes et les prix exacts peuvent changer en fonction des disponibilités et des taux de change, et sont donnés ici à titre indicatif seulement.

Sauvignon Domaine du Tariquet

Blanc

France

entre 14$ et 15$

Connaissant bien la famille Grassa et leurs vins, j'apprécie chaque fois la signature Tariquet, un blanc sec aux arômes puissants, d'une belle fraîcheur et d'une grande élégance. Parfait pour servir avec un poisson au beurre blanc ou des huîtres, ou tout simplement pour prendre comme ça, avec des amis.

Gewurztraminer Hugel 2011

Blanc

France

entre 20$ et 21$

Je redécouvre depuis plusieurs années les vins d'Alsace que j'avais un peu, je l'avoue, relégués aux oubliettes. La grande maison alsacienne Hugel et fils nous offre dans son millésime 2011 un produit fin et aromatique. On découvre une belle fraîcheur, mais aussi des notes de litchi, de melon et de poire japonaise. Servir avec du poulet, des calmars, des crevettes ou un gâteau à la noix de coco.

Montus Blanc, Alain Brumont

Blanc

France

entre 23$ et 24$

Alain Brumont élabore toujours des vins de charme mais aussi de caractère, tant avec ses vins rouges qu'avec ses blancs. Ici nous avons un vin blanc sec, mais fin et très particulier, issu du cépage chenin blanc. Idéal avec le poisson, une soupe froide ou encore un poulet au beurre.

Tavel Les Églantiers

Rosé

France

entre 20$ et 21$

Même si le Tavel demeure toujours un peu cher, il reste néanmoins un des meilleurs rosés qui soient. Agréable l'été avec une grillade de viande ou de poisson, il peut aussi, comme un vin d'Alsace, accompagner la cuisine chinoise.

Bodega Poesia Clos des Andes Réserve 2006

Rouge

Argentine

entre 26$ et 27$

J'aime, j'adore ce grand vin d'Argentine. Du bonbon à l'état pur, avec des arômes de fruits rouges et une merveilleuse longueur en bouche avec des notes d'épices et de vanille. Un vin rare, mais qui mérite vraiment le détour. Servir avec une grande viande rouge, un gigot d'agneau au romarin ou un fromage comme un brie coulant.

Altano Reserva Douro 2008

Rouge

Portugal

entre 27$ et 28$

Issu de deux cépages, soit le Touriga Nacional et le Touriga Franca, ce vin du Douro sait assurément nous charmer. Il affiche une belle concentration de saveurs de petits fruits comme la mûre et le cassis, ainsi que des notes boisées et d'épices. Un vin affectif à servir avec un rôti de bœuf, des travers de porc grillés ou encore, comme au Portugal, avec du chorizo grillé.

Château Gaillard Saint-Émilion Grand Cru

Rouge

France

entre 30$ et 31$

On se gâte avec un tel vin qui accompagne parfaitement les viandes rouges comme le bœuf, mais aussi le gibier comme le cerf de Boileau, par exemple. Un nez boisé, teinté d'épices et de vanille en finale.

Tabalí Reserva Syrah

Rouge

Chili

entre 17,50$ et 18,50$

Le Chili est certes un pays prometteur au niveau de sa production de vins, comme bon nombre de pays du Nouveau Monde. Dans cette vallée du Limarí, on produit des vins moins chargés en sucre, avec, comme la syrah de Tabalí, des arômes puissants de poivre, de cassis et de framboise. Parfait pour accompagner un poulet grillé, du lapin au four ou encore un bœuf à l'orange.

Champagne Delamotte Brut

Champagne

France

entre 43$ et 44$

Quoi de meilleur qu'une «p'tite coupe»? En fait, il faut préférer la flûte à la coupe. Voilà un des champagnes qui demeure à prix raisonnable et qui sait toujours bien vous faire voyager parmi les bulles de bonheur. À consommer sans vraiment de modération, mais bien pour le plaisir.

Neige Première, La Face Cachée de la Pomme

Cidre de glace

Québec

25$

François Pouliot a été de la première cuvée des (vrais) producteurs de cidre de glace au Québec. Servi bien frappé, son Neige Première est une petite merveille d'équilibre et de saveurs. À recommander avec un foie gras d'oie ou de canard, mais aussi avec un vacherin glacé à la pistache.

10 huiles d'olive
pour se faire plaisir

Il existe une quantité de très bonnes huiles au Québec. Pour choisir son huile, il faut se fier à l'identification du moulin sur la bouteille et à l'embouteillage qui doit dans tous les cas être fait sur les lieux de production. Si les médailles ou distinctions honorifiques sont souvent jugées importantes au Québec, elles ne sont pas les seuls gages de qualité d'un produit ou encore d'un artisan qui parfois ne peut assumer les coûts pour participer aux concours qui décernent ces distinctions. Enfin, n'ayez pas qu'une seule huile dans votre placard. Trois huiles de différentes forces et de goûts variés vous permettront de jouir au maximum de ce plaisir que nous procure cet arbre sacré que l'on nomme olivier.

Les prix sont donnés à titre indicatif et peuvent varier d'un commerce à l'autre et en raison du format, qui varie générale-ment de 500 ml à 750 ml.

Quinta Vale do Conde

Portugal

moins de 23$

Une très belle huile en provenance de la région du Douro, au Portugal. Longue en bouche, intense et fruitée, elle s'associe à merveille avec tous les plats. Une huile fine de caractère, mais qui plaît à tout le monde.

CastelaS Fruité Noir

France

environ 28$

On navigue ici dans les oliviers de Provence. Ce moulin attachant travaille avec une grande recherche ses olives qui varient selon les cépages. Avec le Fruité Noir, on a tout juste l'impression de croquer dans les olives. Une huile racée.

Núñez de Prado

Espagne

moins de 28$

Voilà une belle espagnole, une grande dame de couleur dorée. Aucune amertume, un goût herbacé, une huile idéale pour les salades, le poisson et la paella. Sans aucun doute une superbe huile à consommer sans limite.

Marcinase

Italie

moins de 27$

Une superbe huile italienne D.O.P. (Appellation d'origine protégée) en provenance de Bari qui goûte l'artichaut et les amandes, le tout supporté par des notes florales. Une huile idéale pour griller, cuire le risotto ou servir avec un fromage de brebis.

Clermont-l'Hérault

France

environ 28$

L'huilerie coopérative de Clermont-l'Hérault propose une huile faite à partir de la variété d'olives picholines qui a récolté les honneurs au Concours général agricole de Paris. On goûte la pomme verte et l'artichaut, avec une belle amertume douce et agréable. Un produit qui s'accommode avec les salades, les légumes et les poissons grillés.

Los Doscientos 200

Chili

environ 19$

Une superbe huile du Chili qui affiche d'emblée une puissance comme seule la variété d'olives picholines peut le faire. Cette huile fine et fruitée, qui goûte aussi les herbes sauvages, est parfaite pour accommoder les légumes grillés, le chorizo, les poissons ou les pâtes.

Carm Praemium

Portugal

environ 27$

Une grande maison de vin du Portugal qui produit également de magnifiques huiles d'olive. Non seulement la bouteille est belle, mais encore l'huile qui se trouve dedans est fine et délicate. On goûte les herbes ou le foin coupé ainsi que la pomme verte et l'artichaut. N'hésitez pas à vous en servir pour la cuisson des poivrons, ou encore avec un fromage de chèvre.

Miracle du désert

Maroc

environ 20$

Du bonbon d'huile. Pour moi qui adore le Maroc et sa culture, il s'agit sans aucun doute de la meilleure huile de ce pays. On goûte les épices, la banane et les herbes coupées. Un pur délice à servir avec ou sans couscous, juste avec du pain, ou encore un fromage de brebis ou un comté de trois ans.

Goccia di Sole

Italie

environ 26$

Une belle huile italienne qui me fidélise depuis des années. J'aime son ardence et son côté épicé mais néanmoins délicat. On y découvre des notes d'amandes, d'artichaut et surtout beaucoup de plaisir. Merveilleuse pour griller les viandes ou les poissons, à ajouter en filet aux pâtes en toute fin de cuisson, ou encore avec un gorgonzola.

Planeta

Italie

environ 26$

Cette très belle huile de Sicile sait fort bien nous envoûter avec son caractère distinctif et agressif, caractéristique des huiles de la région. On goûte bien le poivre et l'artichaut, avec un côté sublime et herbacé qui apporte à cette huile une profondeur et une délicatesse en finale. Bonne avec une soupe aux tomates, une pizza cuite au four à bois ou des pâtes en sauce.

... et pour
s'y retrouver

9 cartes pour localiser aisément les établissements décrits dans ce guide.

Vieux-Montréal

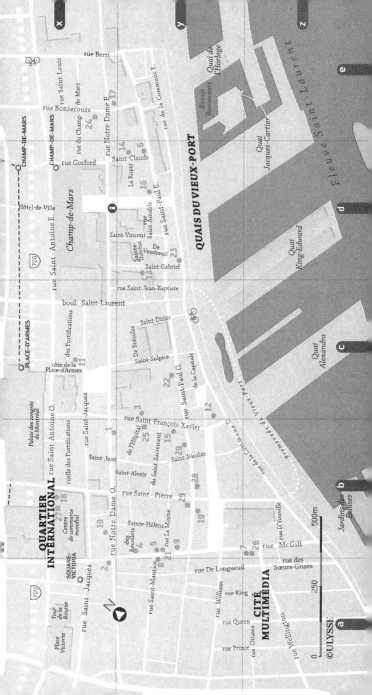

Centre-ville

Restaurants

1.	cy	Alexandre et fils p. 73
2.	cy	Apollo p. 74
3.	by	Ariel p. 31
4.	dy	Bar Furco p. 34
5.	dz	Beaver Hall p. 77
6.	cy	Birks Café par Europea p. 35
7.	dy	Bon Blé Riz p. 148
8.	dy	Bouillon Bilk p. 39
9.	dy	Brasserie T! p. 40
10.	cz	Café Grévin par Europea p. 41
11.	by	Chez La Mère Michel p. 84
12.	by	Crudessence p. 114
13.	cy	Decca 77 p. 51
14.	by	Europea p. 87

15.	dy	F Bar p. 141
16.	cy	Ferreira Café p. 142
17.	bx	Jardin Sakura p. 153
18.	cy	Laurie Raphaël Montréal p. 57
19.	cz	Le Beaver Club p. 76
20.	dy	Le Contemporain p. 48
21.	cz	Le Montréalais p. 59
22.	cy	Le Piment Rouge p. 149
23.	cy	Le Pois Penché p. 61
24.	by	Maison Boulud p. 93
25.	cy	Renoir p. 97
26.	cy	Restaurant Julien p. 98
27.	by	Ridi Bar Ristorante p. 137
28.	dz	Toqué! p. 70

Découvertes

29.	bz	Alexis Le Gourmand p. 193
30.	dy	Bahm Mi Cao Thang p. 192
31.	ey	Camellia Sinensis p. 202
32.	dy	Fou d'ici p. 194
33.	dz	Marché G&D p. 196
34.	cy	Reuben's Delicatessen p. 192
35.	dy	Vinum Design p. 177

Plateau Mont-Royal et Rosemont

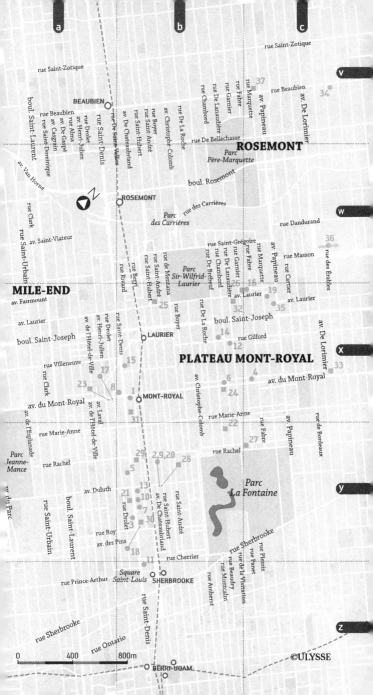

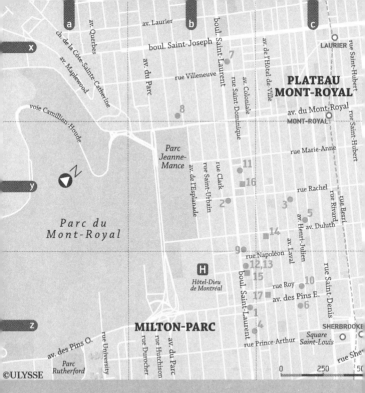

Milton-Parc et la Main

Quartier latin et le Village

Quartier latin

Découvertes
1. ax Institut de tourisme et d'hôtellerie du Québec (ITHQ) p. 203

Le Village

Restaurants
2. dx Bistro sur la Rivière p. 79
3. bx Carte Blanche p. 83
4. cx Chez ma grosse truie chérie p. 110

Découvertes
5. cx La Fabrique Arhoma p. 186
6. bx Marché Saint-Jacques p. 196
7. cz Poissonnerie La Mer p. 183

©ULYSSE

Petite Italie, Outremont et Mile-End

©ULYSSE

Westmount, Notre-Dame-de-Grâce, Côte-des-Neiges et autour du canal de Lachine

Hochelaga-Maisonneuve

Restaurants
1. bz   Le Chasseur *p. 109*
2. az   Le Valois *p. 101*
3. az   Sata Sushi *p. 160*

Découvertes
4. az   Boulangerie Arhoma *p. 186*

Les environs de Montréal

Voir liste p. 236

©ULYSSE

N

LAURENTIDES

MONTÉRÉGIE

CANTONS-DE-L'EST

MONTRÉAL

Laval

Longueuil

Boucherville

Gore
Saint-Colomban
Saint-Canut
Mirabel
Sainte-Scholastique
Belle-Rivière
Saint-André-d'Argenteuil
Lachute
Saint-Benoît-de-Mirabel
Saint-Placide
Saint-Hermas
Saint-Joseph-du-Lac
Oka
Kanesatake
Hudson
Saint-Lazare
Rigaud
Sainte-Marthe
Saint-Clet
Coteau-du-Lac
Saint-Zotique
Vaudreuil-Dorion
Pointe-des-Cascades
Melbeuville
Saint-Timothée
Salaberry-de-Valleyfield
Notre-Dame-de-l'Île-Perrot
Beauharnois
Sainte-Martine
Mercier
Châteauguay
Kahnawake
Lac Saint-Louis
Candiac
Saint-Constant
Saint-Rémi
Napierville
Saint-Jean-sur-Richelieu
Saint-Luc
Saint-Catherine
Brossard
Greenfield Park
Saint-Lambert
Chambly
Iberville
Saint-Jean-Baptiste
Mont-Saint-Grégoire
Marieville
Rougemont
Saint-Césaire
Farnham
Brigham
Granby
Saint-Valérien-de-Milton
Saint-Hyacinthe
Saint-Denis-sur-Richelieu
Saint-Jude
Saint-Barnabé-Sud
La Présentation
Saint-Charles-sur-Richelieu
Saint-Marc-sur-Richelieu
Saint-Amable
Saint-Julie
Beloeil
Mont-Saint-Hilaire
Saint-Bruno-de-Montarville
Varennes
Verchères
Le Gardeur
Repentigny
Charlemagne
Terrebonne
La Plaine
Saint-Jérôme
Blainville
Sainte-Thérèse
Boisbriand
Saint-Eustache
Deux-Montagnes
Lac des Deux Montagnes
Vincourt
Fleuve Saint-Laurent
Rivière Richelieu
Rivière des Mille Îles

Saint-Jérôme

Rive-Sud de Montréal

Rive-Nord de Montréal

index

Restaurants

Index

Découvertes gourmandes

Index